わが子を国際っ子にした
――息子とバイリンガル教育――

伊藤 香苗

本の泉社

幼児期にユーシンが描いた作品

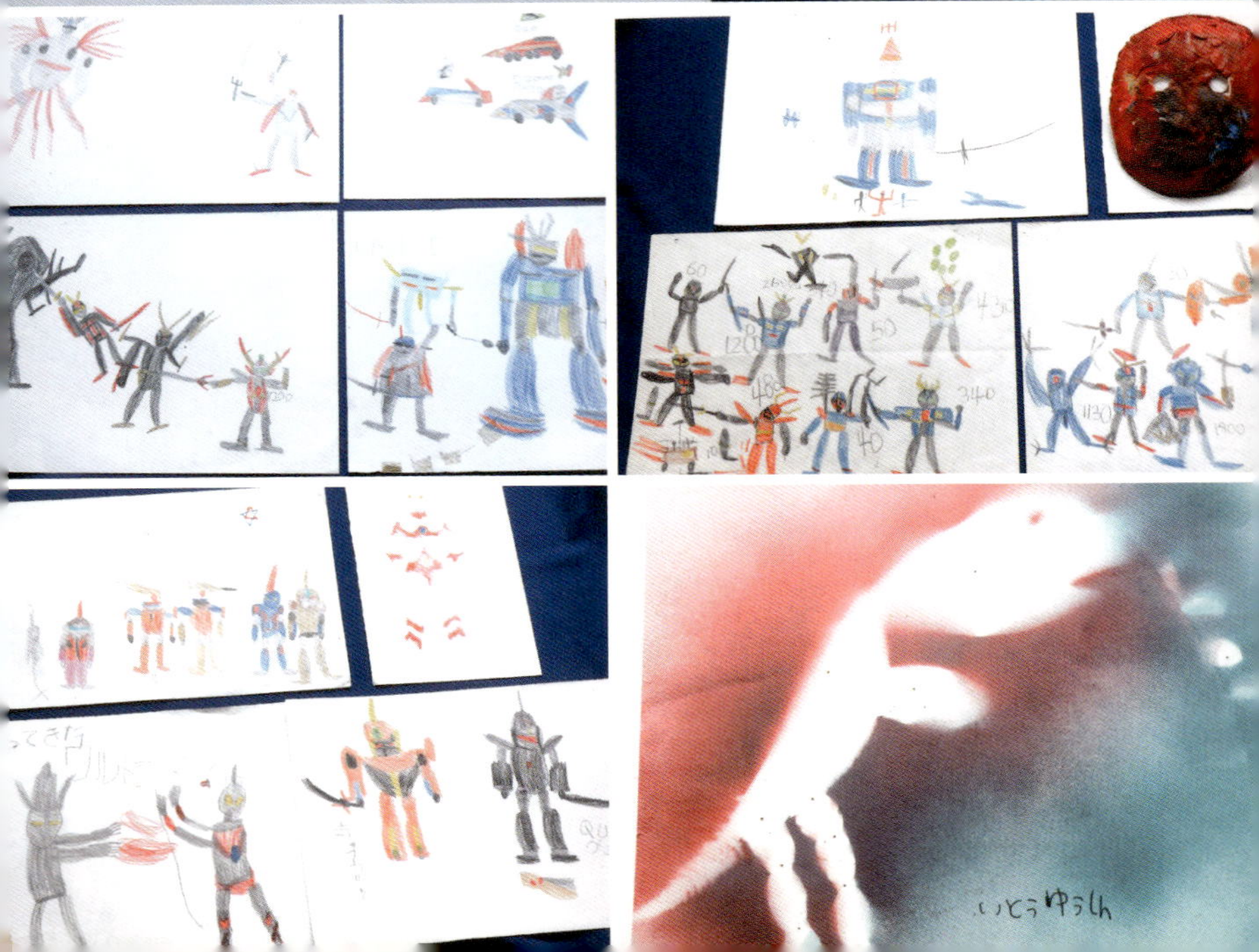

夫の会社の保養所、箱根強羅にて
右から夫の姉、息子を抱いた姉の娘夫婦、次女、
夫の母、ユーシンを抱いた夫、私

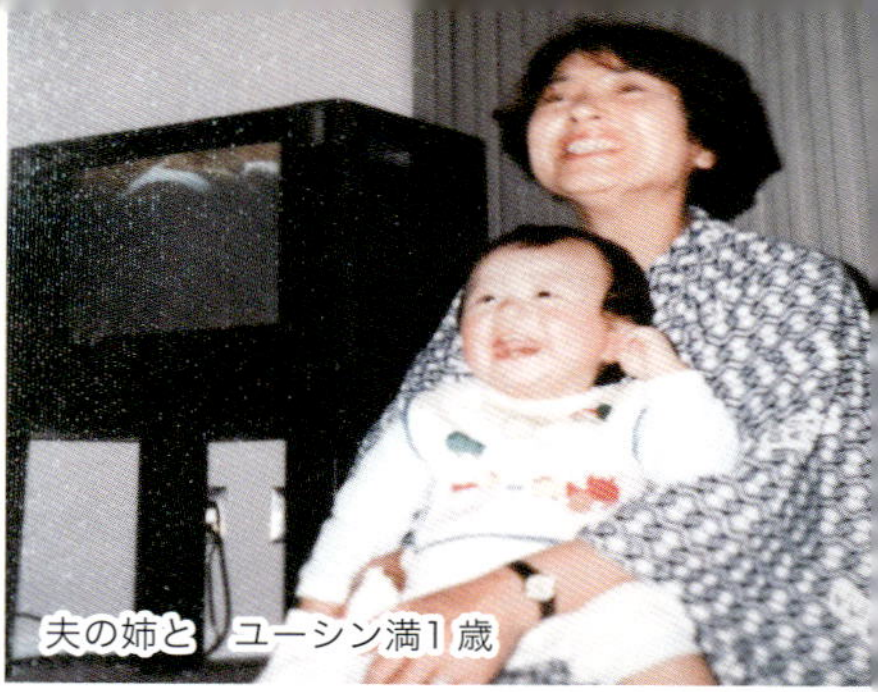
夫の姉と　ユーシン満1歳

夫の会社の保養所がある熱川にて
左から私の祖母、私、ユーシン、次女

左から夫の妹夫婦、夫の母、姉
会社の保養所　彫刻の森クラブにて

兵庫県　天橋立にて　右端は長女

左から私、ユーシン、夫の姉妹、夫の母、夫

箱根芦ノ湖をバックに
左から次女、ユーシン、夫の母、私、夫

ブランチフィールド神父様と
私たちが挙式した茅ケ崎教会にて

初めての海　次女、私と
87 年、千葉白里海岸にて

夫の母から送られた綿入れ半てんを着たユーシン
2 歳の誕生日　自宅にて

2 回目の海、夫と楽しく遊ぶ
88 年、千葉白里海岸にて

初めての動物園　上野動物園にて

すっかり海に慣れたユーシン

次女と遊ぶ　鳥取砂丘にて

その後も毎夏白里海岸で泳ぐ

夫の肩車で、次女と　鳥取砂丘にて

瀬戸内海　牛窓にて

島根県　一畑薬師にて

鎌倉にて

千葉鴨川シーワールドにて

千葉市動物公園にて

横浜山下公園　氷川丸船上にて

姫路城にて

糊と砂で
ウルトラマンとバルタン星人を完成

山陰の名峰、大山をバックに

夜の彫刻の森美術館

箱根　彫刻の森美術館にて

ユーシン手作りのジオラマ

6歳の誕生日　千葉の家にて

芦ノ湖遊覧船

神鍋高原のホテルにて

富士スピードウェイにて

兵庫県神鍋高原にて

富士サファリパーク

富士山五合目にて

熱川の遊園地にて

ディズニーランドにて

忍者道場のからくり部屋で
三重県伊賀市にて

富士急ハイランドにて

四国旅行　帰路は太平洋フェリー
ブルーハイウェイラインで東京へ

長野県　美ヶ原美術館にて

10歳の誕生日　自宅にて

夫の会社の保養所　蓼科高原ヴィラにて

河口湖　自動車博物館で

会社の保養所　八ヶ岳ロッジにて

陶芸教室　八ヶ岳にて

千葉県茂原市ひめはるの里にて
後方に鯉のぼりが泳いでいる

香港旅行

ユーシン13歳の誕生日
シュー、ティミーと　青山サバスにて

水上レストランにて

甲子園球場

マカオにて

北海道旅行　気球を体験

左から夫、夫の姉、ユーシン
夫の会社の保養所、箱根強羅寮にて

野口英世の生家を訪ねて

裏磐梯　五色沼にて

最北端宗谷岬の流氷館で-10℃を体験

左から夫、妹の夫、姉、妹、私、ユーシン
宮城　花山温泉にて

ヴァチカンにて

ローマ　トレビの泉にて

ゴンドラ　ベニスにて

コモ湖　イタリア

イタリア旅行　ピサの斜塔を支える

AC ミランのサッカースタジアムの前で

ベスピオス火山を背景に
ポンペイ遺跡にて

フランクフルト　クルーズ船発着所にて

ヨーロッパ旅行　パリにて

朝7時スイスレマン湖畔を散策
花時計の前で

アルプスの山々　背景はユングフラウ

背景はビッグベン　ロンドンにて

ユングフラウ頂上にて

ライン川クルーズ

《目次》

I　環境と目的……23
伯父のノート／24
楽しみながら学ぶ／26
言葉は手段／28

II　幼児はみな天才……33
英語で子育て／34
パパ・バ・カ!?／38
多言語を同時に／39
ユーシンの日本語／43
母子で育った「やんちゃりか」／45
英語を話す弟がいる!?／49

親だからできること／52
覚えることは楽しい／54
ゲームで学習／56
算数ゲーム／60
ドーマン博士への手紙／64

Ⅲ　インターナショナルスクールへ

……67
決意と放棄／68
学校選び／70
面接と入学／72
サマースクール／74
いたずらっ子に遭遇／77
アイ・エンジョイデュ・イッ／78
ふくれっ面で入園式／80
初めの一歩／84

宿命／88
親友との別れ／89
ＳＩＳの幼稚園生活／91
ショー&テル／95
目と耳で同時に理解／98
読み方ゲーム、ふたたび／100
次の学校を／102
卒園式　ビッグハグで先生とお別れ／104

Ⅳ　東洋人のインターナショナルスクール（ＳＪＩＳ）

東洋人のインターナショナルスクール（ＳＪＩＳ）……………………107
学校の企み／108
苦渋の選択　こんなはずでは……／111
もみくちゃ通学体験記／114
ヒデオ君／115
弊害　ユーシンの英語が潰される／117

学校選びのノウハウ　私たちの体験／120
私の失敗／123
気に入られなくて、不合格／127
三船敏郎さん（往年の大スター）／128
三年間に幼稚園を三回転校／131

Ⅴ　アメリカンスクールインジャパン（ASIJ）……135

スクールバス　車内は子どもの社交場／136
心臓破りの通学ラッシュ／140
やっと軌道に／141
子どもの総合的発達を目指す／146
大規模学校の一年生／147
ユニークな教育システム／149
英語で考える訓練／151
ユーシン・ジャーナル／154

日本語学習／156
いじめ　担任の裁量で解決／158
クラスボランティア／163
アイデンティティーに悩んだ／167
引っ越しか？　転校か？／172
闘う親たち／175

Ⅵ　セントメリーズインターナショナルスクール（ＳＭＩＳ）

…………177
アメリカのサマースクール／178
アメリカの息子から／185
国境の町、バッファロー／188
ＮＨＫ「一口《ひとくち》英会話」のマイク先生／190
親友とは来年も同じクラス／193
担任を親が選ぶ／194
庭でキャンプ／196

スポーツとバンド／199
幅広い選択肢／201
イングリッシュワークショップの落とし穴／204

Ⅶ　横浜インターナショナルスクール（ＹＩＳ）……207
バイリンガルディプロマを目指して／208
ボクはやっぱりニホンがいい／210
ＡＯ（アドミッションオフィス）入試／212
イヤーブック／213
高校卒業式／216

Ⅷ　大学と留学……221
早稲田大学　国際教養学部／222
留学／225
ＵＰｅｎｎ（ユー・ペン＝ペンシルバニア大学）／227

Ⅸ　卒業と就職 …… 233
インターンシップ／234
卒業式／236
就職　自分で選んだ好きな道を／237
あとがき …… 241

I

環境と目的

伯父のノート

私には夢があった。自分の子どもが持てたら、日本語と英語が母国語のように自由に話せる子どもに育てたいと。

その夢の出発点は、私が小学四年生の時、家のタンスの引き出しで見つけた一冊のノートだった。そこには流れるような美しい筆記体で英文が記されていた。二〇歳の若さで肺結核のため亡くなった伯父（母の兄）が書いたノートである。祖母が自分の息子の形見として、大切にしまっておいたものだった。

私もこんな文字が書きたい、早く英語を学びたい。

時どき伯父のノートを開いては、見よう見まねで筆記体の英文を書き写して遊んでいた。

一九五八年、私が中学生になったころ、英語授業の開始は中学校からであった。担任と英語担当が四〇代の女性教諭だった。彼女が黒板に白墨ですらすらと綴るなめらかな筆記体の文字で、すぐに伯父のノートが思い出された。

私は先生の文字をまねて英文を書く練習をした。三年間、彼女が受け持った毎時間が楽しく、中学一年生から始まった英語が大好きになる。

高校進学の時期となり、私が英語好きなのを知った母方の祖父は、亡くなった自分の息子（私の伯父）が、外交官志望であったことを教えてくれた。

祖父は、国鉄（現ＪＲ）で検車技師をしていた。一九三五年、三四歳の時、家族とともに当時の満州（中国東北部）へ渡る。満鉄でも検車技師として、大連、旅順、ハルビンなどで勤務、奉天（現、瀋陽）で終戦を迎えた。

一九四六年七月、舞鶴へ引き揚げるまで、祖父は一一年間を満州で暮らす。引き揚げ後の一時期、家族で郷里の鳥取県米子市で過ごした。やがて出雲鉄道に再就職、その後、一畑電鉄で定年を迎えるまで勤める。

一メートルくらいあろうか、いつも長いハンマー片手に、検車場で車輪を叩いて回り、点検や安全確認をしていた。私が小学生だったころの、祖父の姿が目に浮かんでくる。

「これからは英語の時代だ。英語を話せる人材が必要になってくる。大学は英文科へ進んだほうがいい」

祖父は私にそう勧める。どの道を選択すべきか迷ったが、幼児期から絵を描くのが好きだった私は、女子美術大学付属高校を選んだ。

楽しみながら学ぶ

女子美大付属高校を卒業した私は、英語に興味を抱きつつも、祖父が勧める英文科のある大学をふりきって、同短大の造形科へ進学する。

卒業後は同短大講師の助手を経て、一九六八年、注文服専門店のデザイナーとなった。やがて既製服のデザインやサイズ、色などが豊富なバリエイションで展開される時代となる。二〇代半ばの私は、既製服デザイナーへ方針を転換する。だが、長続きはしなかった。英語への未練とやり残した想いがしだいに募っていった。

一九七六年、アメリカ・カリフォルニア大学、バークレー校の外国人向け語学研修プログラム受講のため短期留学する。クラスには日本人はもとより他のアジア諸国やヨーロッパ、中南米などから英語を学びに来た留学生たちがいた。

私はふたたび英語と接点をもつ機会を得る。

帰国後、自宅で教える「小学館ホームイングリッシュ」の講師と、ビデオを教材に、幼稚園児と小学校低学年児童向け英会話教室の講師となった。

東京・多摩地区の幼稚園数ヵ所を車でかけもちする。

教室では子どもたちがテレビに見入っている。ヒーローのジンジン君が、ビデオテープから英語で話しかける。興味津々の子どもたちの目が光っている。

「きょうのジンジン君はなにをしてたのかな？」

と私。子どもたちは口々に大きな声で答える。

「バナナ食べてた！」「トマトも！」「自転車があった！」

「じゃ、それらをみんな英語で言ってみようね！」

日本語を媒体に、ビデオに登場した語彙を英語で発音する。大きな声で、小さな声でなんどもリピートさせる。そのあと、ぬり絵をしながら色も覚える。

四〇センチ四方の大きな単語の絵カードを、子どもたちといっしょに教室の床にばらまく。私が発音する絵カード目がけて、子どもたちが走って行き、タッチする。

子どもは集中時間が短くすぐに飽きてしまう。同じことを長くは続けられない。遊びながら学習、歌やゲームで全身を動かす。

週一回の教室で、最終曜日に保護者の参観日がある。

「子どもは、家でちっとも英語を話さないんですよ――」

「うちの子の英語はだいじょうぶでしょうか？」

などと親たちから質問されて返事に困る。英語を話す相手には英語で、日本語には日本語で返すことは、子どもだって知っている。

「お子さんは教室で楽しんでいらっしゃいますよ」

私はいつもそう答えることにしていた。

子どもたちは英語を話す環境にいない。「言葉は手段だから」とは言えない。

それは外国人に日本語を教える場合も同じであった。

言葉は手段

子ども英会話教室で教え始めて二年後の一九七九年、新聞で「日本語教師養成講座」の存在を知ることになる。私たちが日常、何気なく話している日本語を国語学として分析、指導する「外国人のための日本語教授法」の資格を得る案内であった。

即入学した私は、専任の教官から教授法の指導を受ける。導入部と文法用語に英語を使用、徐々に学習済みの日本語を増やしながら、外国人に教える。クラスでは交替で教師役と学生役になっての、実践訓練法で授業が進められた。

私は、夏休みを利用して、短期集中講座を受講、最短四ヵ月で養成期間を終了する。課程修了後、教官ら教務関係者数名と外国人数名が、審査員と学生になって行われる実務試験に合格する。晴れて「日本語教師認定証」を手にした。

資格取得後すぐに卒業校で最初の学生を受け持ち、私は日本語教師としてスタートを切った。

卒業校で半年あまりの経験を積んだ私は、渋谷の語学学校で日本語を教える機会を得る。私が採用された「ＬＩＣ国際会話学院」には日本語課の他に英語、フランス語、スペイン語、ポルトガル語、ロシア語、中国語などの教室があった。また大使館や企業など外部からの要請に応じ、講師を派遣する制度も設けられていた。

一九八〇年、当時の日本は英語ブームで、街の至るところで「外国人講師による英会話教室　生徒募集」の看板が目についた。英語を母国語としない外国人であっても、英語が話せるだけで、講師として重宝がられた時代である。

そのころの日本の制度では、彼らに就労ビザが下りなかった。そのため彼らは、日本語学校に在籍することで学生ビザが取得でき、半年から一年間の長期滞在が可能になる。なかには三ヵ月間の観光ビザで来日、もっとも近い外国、韓国へ出国、入国を繰り返す外国人講師もいた。

そんな欧米人たちに、日本人は常に英語を話したいと望んでいた。彼らの多くは、日本人とのコミュニケーションの手段としての日本語を必要としていない。当然のことに彼らは上達が遅い。学生ビザの取得には、出席日数や成績などいくつかの条件がある。それらをクリアすることでビザの延長が可能だ。会話ができなくても、勉強は必要であった。

一方、フィリピンやパキスタン、スリランカなど東南アジアから来日、日本の飲食店などで働く学生も多かった。彼らは日本での就労が目的のため、職場では日本人とのコミュニケーションが不可欠である。

欧米人と違い、彼らは日本語を必要としていた。日本人と見れば、だれかれとなく日本語で話しかける。

間違っていようが、そんなことはどうだっていい。

ここは日本、自分は外国人だ。

その積極性と国民性が彼らに勇気を与えていた。おしゃべりが好きで、休憩時間にあれこれと質問してくる。

「日本の習慣で、ここがわからない――」
「○○に行きたいけど、一番安い方法は?」
「やきそば、おいしい!　作りかた教えて?」

彼らはいつも話すことに前向きだった。語学上達の秘訣である。言葉はまさに「手段」だ。ほどなくＬＩＣでは、教室を増やすなど学校側が対応に追われる勢いで、日本語学習者が増加する。契約講師としてスタートした私は、その後、入門から中級までのグループレッスンを週五日担当する専任講師となる。

日本語教師として認められ、クラス以外でも英語を話す環境にも恵まれる。私は天職を得たよろこびに満たされていた。三年後に結婚するまで充実した時期を過ごす。

Ⅱ 幼児はみな天才

英語で子育て

一九八四年に結婚した私は、その年一二月、三八歳で待望の男の子に恵まれる。

息子に必ず「ゆうしん」と命名するようにと、私の祖母が名付け親になった。「ゆう」は、祖父が付けてくれた私の本名「裕子《ゆうこ》」から。

「しん」は、あるがままの姿や形、情景など、すなわち真実を写し撮るドキュメンタリーをこよなく愛し、一場面ごとにこだわりを込めてシャッターを切る夫の写真への追求心から「真」を選んだ。

生後一年間は無我夢中で育児に追われた。あっという間に一年数ヵ月が過ぎていく。

息子とどのように接したら、バイリンガル児童に育てられるのだろうか——。

幼児期から国際感覚が育まれる環境の下で、視野の広い人間に——。

今の私にできることは——。

私の頭の中をさまざまな想いがよぎっていく。

以前、聞いたことがある。子どもの脳は、二歳から六歳までがもっとも柔軟な時期で、教えれば教えるだけ何でも吸収してしまうと。

息子「裕真《ゆうしん》」（以下、ユーシン）はもうすぐ一歳半になる。

幼児は目と耳で言語を習得する。

そうだ、私がユーシンに英語で語りかければいい！

お食い初め
左から私の祖母、私、ユーシン、次女、長女

夫の母、満1歳のユーシン、私

1歳の誕生日に一升餅を背負って歩く

それからの私は、彼にできるだけ英語で語りかけることにした。

彼が大好きな乗物や動物のかわいい絵が、たくさん詰まった洋書絵本を探して購入した。区内の久が原図書館には、洋書の絵本が多く置かれており、彼をつれてよく借りに行った。

朝起きて「おはよう」から始まり、「朝ごはんを食べよう」と言いながら、テーブルにサンドイッチとジュースを用意する。「どう？　おいしい？」と彼のうなずく表情を確認、「おいしいね」といっしょに食べる。

「きょうはいいお天気ね」窓を開けて青空を見上げる。「散歩に行こうか？」ユーシンにジャケットを着せて、私も外出の支度を始める。「くつを履いて」「足もとに気をつけて」と言いながら、彼の手を引いて出かける。

帰宅後、「口をブクブクしようね」と、うがいを教え、せっけんで手を洗ってやる。出かけた際の習慣にする。「おやつは何がいいかな？　りんごはどう？」皿のりんごの皮をむく。

夕方、「おふろの時間よ、シャツを脱ごうね」ユーシンの服を脱がせる。かならずアクションをともなって行動する。おふろにおもちゃの乗物を浮かべる。

こうして一方的に英語で話しかけながら、子育てすることを日課にした。就寝前にはかならず英語の絵本を読んで聞かせた。

初日は、けげんな表情を見せたユーシンであったが、それも一、二日で終わる。

幼児期に耳にする言葉は新しい語彙の連続だ。

今は意味など分からなくて当然。

幼児はだれもがそうだ、これでいい。

時や場所に関係なく続けよう。

私の作業は、日本語で話す言葉を英語に置き換えるだけ。

私は、周りの人たちからよく早口だと指摘される。自分でも時どき、そうかな？　と思う。ユーシンに話しかける場合、その点に少々気をつけたが、ことさらにゆっくり話そうと努めたり、易しい言い回しを使ったりと心がけた覚えはない。

日常生活で日々繰り返される聞き覚えのある語彙が、動作と一致して幼児の柔軟な脳に刻まれていく。乾いたスポンジが水を吸い込むように。

私のバイリンガル子育てが始まった。

パパ・バ・カ!?

ユーシンの日常に英語を取り入れて半年、私が繰り返す決まり文句や易しい表現を、二歳になった彼はすでに理解していた。

ほしいものが見つからなければ「ノー」、自分がいやと思うことにも「ノー」と。たびたび「ノー」を連発して周囲を困らせ、自ら楽しんでいる様子。最初に訪れた反抗期であろうか。

ユーシンは乗物が好きで、夫が運転する車でよく出かけていたので、特に自動車が大好きだった。このころはまだ自動車を「カー」と正しく発音できず、「カ」と言っていた。

ある日のこと、夫の姉がユーシンを連れて外出した時である。ユーシンが盛んに「カ、カ」を口にするので、蚊が飛んでいるのかと不思議に思ったそうだ。しばらくして、それが彼らの目の前を通り過ぎる自動車の「カー」であることが分かった。姉からその話を聞かされ、みなで大笑いした。

またこんな笑い話もある。時どき車で出勤する夫を、ユーシンと見送った時のこと。「パパ・カ」と言って、車で出かけたことを教えてくれる。

彼が二歳三ヵ月になったある日のこと。この日も車で出勤した夫を、「パパ・バ・カ」（Ｐａｐａ　ｗｅｎｔがまだ言えない。バ・カはｂｙ　ｃａｒのこと）と言って、私たちをびっくりさせた。自分では「パパは車で出かけた」と言ったつもりだったのだろうが、その結果が「パパ・バカ」に聞こえてしまった。

まだまだ構成文にはほど遠いが、そのころの彼は、徐々に形を整えながら一文に近づきつつある英語を、懸命に私に伝えようとしていた。

多言語を同時に

一九八七年一月、新聞の家庭欄で、ユニークな実践記録書が出版された記事を読む。『ヒロシ、君に英語とスペイン語をあげるよ』である。中央大学の北村崇郎教授と青山学院大学の北村光世教授夫妻が、一人息子の洋君《ひろし》を育てながら、一五年間にわたって試みた実践の記録とその成果をまとめた著書である。

洋君が赤ん坊のころから、英語とスペイン語の二言語を同時進行させながら、定着を計ったという内容だ。父親の北村氏が英語で、母親の光世さんがスペイン語で、ともに子育てに関わっている。貴重な育児書でもある。

私はすぐに近所の書店へ急いだ。そして約一ヵ月半後、三月にこの本を手にする。家事と育児の合間に、私は吸い込まれるようにこの本を読んだ。

夫妻は著書でこう述べておられる。「語学教育、音楽教育、家庭のしつけはすべて一つである。親の姿勢を貫く場合の厳しさは、子育てに絶対必要ではないか。難しいと考えられる多言語教育を成功させたのも、最大の理由は一貫性を貫いたことにあると思っている。この一貫性こそが子育てにとってとても貴重に思える」と。

さらに北村氏は、「子どもの能力以上かもしれないと思える莫大な量の事柄でも、繰り返していれば覚えることができる。また一度に少しではなく、少々難しくてもできるだけたくさんのことを一度にどっさり与えること」と。

私がこの本を手にした時、ユーシンは二歳三ヵ月であった。私が彼を実験台にして、すでに試みていたバイリンガル教育にさらに拍車をかけた。

ヨーロッパなど国境をいくつかの国々と陸続きで接している国では、いろいろな言語が使用されている。スイス連邦では国境をフランス、ドイツ、オーストリア、リヒテンシュタイン、イタリアなど五カ国と接している。人種はドイツ系スイス人が八〇％以上を占める。残りはフランス人、イタリア人、スペイン人、ドイツ人など外国人である。

ドイツ語、フランス語、イタリア語が公用語として使用され、子どもを取り巻く環境によっては、多言語をマスターすることは可能である。また子どもをインターナショナルスクールに通わせていた場合、彼らの使用言語の枠はさらに広がる。たとえば学校では英語を使用、家で家族とフランス語を話すなど。

一歩外へ出て、隣のおばさんとイタリア語で言葉を交わす。近所の子どもたちと遊ぶ時はドイツ語。休日にベルギーから親戚や従兄弟たちがやって来て、彼らとオランダ語で話す。

国により、地方によって使用言語は異なるが、このような現象は実際に起こり得る。日本では各地方に独特のお国訛りといわれる方言がある。帰省した時など、その地域の方言で自然に会話していることがある。私は小学校の六年間を島根県出雲市で過ごした。鳥取県の親戚と話していて、自分でも気付かないうちに訛っていることがあったりする。

赤ん坊、もしくは幼児期からの生活環境次第で、彼らの多言語教育は可能であり、このような環境のなかで育った子どもたちは、相手によって何ヵ国語でも使い分ける能力を身につけてしまうのである。

私は、北村ご夫妻と違って、言語学の専門家ではない。この本に背中を押され、勇気づけら

夫が作ったブランコに乗る2歳のユーシン
千葉の庭で

サッカーに初挑戦　1歳のユーシン

プラレールで遊ぶ

お気に入りの自動車　六郷土手にて
後方は夫

五月人形鎧の前で　3歳のユーシン

ボールが大好き　2歳のユーシン

夫とラジコン　千葉の庭にて

大好きなチョロQを並べて

大好きな自動車を運転　千葉にて

れて得たことは大きい。あらためてこの著書との出会いに感謝している。

ユーシンの日本語

北村家で幼児期における洋君の日本語は、同居していたおばあさんの役目だった。その後、彼は日本の幼稚園、小学校、中学校へ。

わが家でユーシンに日本語を話す家族は四人いた。彼が一歳の時に亡くなった私の祖母を含めれば五人になる。

結婚した時、祖母は八二歳だった。母は、私が三〇歳の時に五〇歳の若さで病死する。それ以前に祖父は他界、私は祖母と二人暮らしであった。

夫には、病死した先妻との間に子どもが三人いた。結婚当初、一時に七人の大家族となる。ユーシンが二歳のころ、長男が大学生、長女が高校生、次女が小学五年生だった。家では子ども同士で交わされる乱暴な言葉使いや、若者たちの間で使われる省略したいい加減な日本語が飛び交っていた。

幸いそれらは四六時中、ユーシンの耳に届く言葉ではなく、心配には及ばなかった。幼稚園入園前の彼の日常は、その大部分が母親である私との関わりで占められていた。夫を初め、三人の子どもたちは、ユーシンにいつもやさしく接してくれる。彼の日本語は、私以外の家族と、幼児向けテレビ番組で習得できた。

特にユーシンが興味をもったのは、やはり乗物が登場する番組である。民放で平日の朝、放映していた児童向け番組のなかで、いろいろな働く自動車が登場した。ダンプカー、道路清掃車、ラッセル車、ゴミ収集車、パトカー、救急車などなどが、それらの名称を織り込んだ歌とともに流れる。ちょうど乗物に興味をもち、英語で覚え始めた時期と重なり好機であった。番組の一部を録画して繰り返し楽しんだ。

NHK教育テレビで放映の「セサミストリート」は貴重な英語番組であった。また幼児番組「お母さんといっしょ」のなかに「できるかな?」というコーナーがあった。紙や箱、紐、タオルなど身近にあるもので、簡単に作れて楽しめる工作を実演、指導してくれる。子どもに興味を抱かせ、早速作ってみたくなる番組を母子で楽しむ。当時二歳のユーシンにとって貴重な情報源であった。

母子で育った「やんちゃりか」

一九八六年一一月から八八年五月までの一年半、ユーシンと私は、自宅から車で一〇分の糀谷児童館へ通った。毎週木曜日の午前中に開かれる自主保育グループ「やんちゃりか」だ。児童館の職員と保育士が子どもたちの世話をしてくれる。

大田区主催の保育付き講座に参加して知り合ったお母さんに誘われた。自宅の近所に子どもがいなくて、友だちと遊ぶ機会がなかったユーシンには、同年代の子どもたちと触れ合うまたとない好機であり、いい刺激となる。

週に一度、朝一〇時からお昼まで、広い遊戯室で就園前の子どもたちが、いっしょに来た母親や保育士たちと遊ぶ。球入れ、大きな木のスプーンにピンポン玉を乗せてスプーンレース、すべり台やネットで障害物レース、豆自動車レースなどなど。運動会さながらだ。

〝やんちゃりんか〟で友だちと　左から2人目がユーシン

〝やんちゃりんか〟のクリスマス会　ユーシン（右端）

毎回ユーシンは、児童館に着くなり豆自動車へまっしぐら。男の子たちはみな乗物が大好きで、取り替えながら乗り回している。女の子たちは気に入った人形を抱いて、子ども用のハウスを出たり入ったり。野菜や果物セットでままごと遊びや着せ替え人形で遊んでいる。母親に絵本を読んでもらっている幼児もいる。常時、二〇数組の母子で賑わった。

その間、児童館では別室で母親教室が開かれる。母親から離れて子どもたちは、保育士とその時間を過ごす。

母親教室の講師として、神奈川県の小・中学校で校長を歴任された小林先生が招かれた。赤ん坊から小、中学生をもつ母親たちが、子育ての悩みや相談に乗ってもらう勉強会である。「後片付けをしない子ども」「男の子、女の子の育て方」「兄弟げんか」「子どもの癖」「宿題」

萩中交通公園にて

8年後、萩中公園で自転車の練習をする

「家庭内のトラブル」など。いつも一〇人ほどの母親たちが出席して、意見が交換される。
「親が躍起にならないで、冷静に見守るほうがいいのでは……」
「できるようになりますよ」
　小林先生の答えはいつもこんな調子であった。他の母親たちもそうだったのだろうか？　なんだか煙に巻かれたような気もしたが、どの相談にも要所をきちんと押さえた回答であった。各々の母親が、結論を自身で見つけられるよう導いてもらえた。焦らないでほしいという先生の思いが伝わってくる。

「余裕ある子育て」と「親の姿勢」の大切さを諭していただくが、なかなか上手くはいかない。だが、小林先生に聞いてもらえたことで安堵感が生まれ、穏やかな気持ちに包まれていった。いつもやさしく親切にアドバイスしてくださる。

講座終了後、出席者全員で感想文を提出、職員がコピーしてくれる。母親たちそれぞれの感想や意見がとても参考になった。

小林先生とはその後、先生が亡くなられるまで年賀状の交換が続いた。

毎週木曜日、ユーシンと私はランチを持って出かけ、「やんちゃりか」の後、児童館からすぐの萩中交通公園へ行った。そこには子ども用自転車や幼児用の補助車つき自転車、四輪バギーなどの乗物とすべり台、ブランコなど遊具が揃っている。園内も広くて子どもを遊ばせるのにもってこいの公園である。

周囲二〇〇メートルの舗装路に信号機が設置され、遊びながら交通ルールが学べる。ユーシンは気に入ったバギーを見つけて乗り回していた。

他にも使われなくなったバスやショベルカーなど作業車が展示されていて、自由に乗って遊べた。乗物好きな男の子にはたまらない。ユーシンも大好きな公園だ。

八年後、彼は一〇歳の時にアメリカ・バファローのサマースクールへ行く前、そこで自転車の練習をして、乗れるようになった。

英語を話す弟がいる!?

夫を初め、三人の兄姉たちは、いつもユーシンにやさしく接してくれた。

特に長女は子ども好きで、絵本を読んで聞かせたり、私が買い物に出かければ、家でユーシンと留守番しながら遊んでくれる。お陰で私は、幼児期の彼をつれて買い物に行ったことがない。彼らの会話は日本語である。

ある時、英語のわかる弟がいる！　と知った長女の友人、K君がユーシンの反応をこの目で確かめたいと、わが家へやって来た。

彼は早速ユーシンに呼びかける。

「ハロー！　ユーちゃん、これ、なに？」

英語と日本語で問いかける。

「……」

当然ユーシンが英語で返してくれるものと期待する。が、そうはいかない。ユーシンは黙止している。それならば次の手と彼は、そばにあったトランプを手に、日本語と外来語交じりの怪しげな英語で応戦を始める。

トランプなどカードを使ったゲームの場合、通常こう表現する。

「Let's play cards（レッツ・プレイ・カーヅ）」

ところが、彼はこう言った。

「レッツ・トランプ。トランプ・トゥギャザー」

「……」

ユーシンは相変わらず無関心だ。

「ユーちゃん、遊ばないの？　ストップ？」

「……」

ストップは動いているものが止まる時に使う動詞だ。

「Game is over（ゲイム・イズ・オーヴァ）」または「We finish it（ウイ・フィニッシュ・イッ）」を使うべきところを、彼はゲームの終わりを告げたつもりで言う。

「じゃ、ジ・エンド、だねっ。ジ・エンド。ジ・エンド！」

「……」

ユーシンの無反応ぶりに、しびれを切らす。

「なーんだ、しゃべれないじゃない！」

彼はがっかりする。すると長女が答える。

「しゃべるよ。お母さんと英語で話しているもの」

この場合、ユーシンの脳は、すでに組み込まれている英語と日本語の法則に当てはまらない、波長の異なった言葉として捉えたのだろうか。聞き覚えのない「第三の言語」と考えていたのかもしれない。

ユーシンが二歳二ヵ月ごろのこと。当時一〇歳だった次女はだれもが知っている英語を使って、彼を試そうとする。

「立ちなさい」『ドアを閉めなさい」

そんな時のユーシンは、まったく知らん顔をしている。自分には関係ない「音」として、彼は捉えたのだろう。しかし、毎日それらを耳にした場合、幼児の脳には、やがて一言語としてインプットされてしまうのだろう。

親だからできること

グレン・ドーマン博士は、アメリカ・フィラデルフィアにある「人間能力開発研究所」の創設者であり、所長であった。彼の専門は物理療法学である。

博士の数多い著書のなかで、私が最初に出会ったのが『幼児開発法』であった。一九八七年夏、新聞でこの本が紹介された。私はその時、面白いタイトルの本だな！　と思いながら、どんな内容なのかと興味をもった。

日本では一九七一年に初版本が出版されている。八六年にはすでに絶版になっており、買い求めることが不可能であった。神田の古本屋を何軒か尋ねて回ったが無理だった。私は最寄りの図書館へ。そこで借りて読む。そして、必要なページをコピーした。

この本の副題は「幼児は読む力をもっている　二歳から始めよう」とある。

若干二歳の幼児に、身近にあるものの語彙を英語で読ませようというものである。子どもにより、やり方により、読み方学習の進度は異なるが、彼らは約半年後に、本を一冊読むことができると書かれていた。さらに指導法も詳しく述べられていた。私は、このことに大きな興味と関心を抱くが、ショックも受けた。

なぜ、もっと早い段階でこの本にめぐり合わなかったのか――。

常日頃、祖母は私に言っていた。「子どもを粗末にしてはいけない」と。

自らの勉強不足を後悔する。その後、『子どもの知能は限りなく』『幼児は算数を学びたがっている』を相次いで読む。どの本にも一貫して説かれている。

「幼児にはだれもが潜在的にもっているすばらしい能力と、旺盛な学習意欲がある。学習の過程は誕生時、あるいはそれ以前に始まる。幼児はみな学習への情熱をもち、あらゆるものをまっすぐ学びたいのだ。外国語や読み方、算数、音楽などなんでも、一歳の子に教えるほうが七歳の子に教えるより易しい。母親こそが最良の教師である」と。

私は、これらドーマン博士の著書から実に多くを学んだ。幼児は、私たちの想像を遥かに超えた高い知能と、潜在能力をもって生まれてくることを。そして、彼らを育てる環境次第で、さらに高めることができることを。

日本にも「門前の小僧、習わぬ経を読む」という有名なことわざがある。

私はこの時、あらためて「幼児を取り巻く環境次第で……」という言葉に胸をつかれた。

覚えることは楽しい

一九八七年一〇月、あと二ヵ月でユーシンは三歳を迎える。

彼は日ごろ、私といっしょに、NHKラジオ英会話から収録したスキットと、英語の歌をテープで聴いて過ごしていた。彼の英語が構成文にならなくても、会話のなかでは語彙数が徐々に増加、私をよろこばせてくれた。

セサミストリートやドクター・スース、リチャード・スカリー、ディック・ブルーマ、ウォルト・ディズニーの著など。それらの絵本はどれも色使いが豊富だ。ユーモアを交えた設定とストーリーがおもしろく、子どもの心をつかむ作品が多い。大人が見ても楽しい洋書絵本は、そのころすでに一二〇冊を超えていた。

読み方ゲームを始めよう。やってみたい！

もし今から実行するなら、一日でも早いほうがいい。

そう思った私は、『幼児開発法』に詳しく記された方法で、早速「読み方ゲーム」に取り組むことにした。しかしその反面、ユーシンには遅すぎる。そんな躊躇もあった。

子育て中、参考にした本
ユーシンが楽しんだ洋書絵本の一部

ユーシンがいやがったら、止めればいい。乗ってこなかったら、その時に考えればいいこと。

彼は洋書絵本で、すでにアルファベットをたくさん見ている。それらが読めたら、と一瞬、欲がでるが、焦らずに肩の力を抜いて始めよう。著書にあったように、常に「楽しく」を忘れずに。気持ちが少し和らいだ。

子どもが上機嫌でくつろいでいる時間を選ぶ。視覚的、聴覚的、触覚的に注意をそらすものがない学習環境を提供する。遊びを交えながら進める。

大切なのは、「覚えることは楽しい」「ゲームは楽しい」と子どもに思わせることだ。

ゲームで学習

「読み方ゲーム」一日目。最初は「ママ」から始める。

縦一五センチ、横五〇センチの少し厚い紙を用意、赤いマジックペンで「ｍａｍａ（ママ）」とアルファベットで書く。

「さあ、ゲームをしよう！　楽しいゲームだよ。きっと気に入るわよ！」

などと言いながら、ユーシンを「読み方ゲーム」へ誘導する。

私が「ママ」と発音しながらユーシンに一〇秒間だけ見せる。一、二分、彼が好きそうなことをして遊ぶ。彼が好きなボールを使って野球ゲームを。ユーシンに軽いおもちゃのバットを握らせて、やわらかいボールを打たせる。

またそのカードを一〇秒ほど見せ、一回だけ私が「ママ」とはっきり言う。また二分間、彼と野球ゲームの続きをして遊ぶ。次にもう一度、同じことをする。それを三回繰り返して、その日の一回分が終わる。ポイントは短時間に集中させて、いっしょに遊びながらおこなうこと。

初日のユーシンは、私のかけ声によろこんでそばへ来て座った。そして私が、カードを見せて「ママ」と言う。二分間、彼と遊ぶ。今度はチョロQをどちらが速くゴールまで走らせるか競争する。彼は車が大好きだ。ユーシンは遊びと一体になったゲームと思い込んでいるようだ。私は安堵する。

一日目はそれを三〇分の間隔をおいて五回繰り返す。間にかならず遊びを入れて。

二日目以降、指導書には、以下のように記載されている。

二日目、親は前日と同じことを二回繰り返す。前日と同様に一、二分間、子どもと遊ぶ。三回目にカードを見せた時、「これ、なあに？」と問いかける。答えるまで一〇秒待つ。子どもが「ママ」と言ったら、大げさに褒めて抱いてやり、体で愛情を表現すること。もし答えられなくてもがっかりせずに、二回目を繰り返す。

子どもが「ママ」を覚えた時は、その後もその都度「これ、なあに？」と問いかける。答えが正しければ、子どもを褒めて大げさにうれしさを表すことが大切だ。

次に「ｐａｐａ（パパ）」と書いたカードを用意する。この時、同じことを繰り返す前に、「ｍａｍａ（ママ）」のカードを見せ、それを言わせることから始める。さらに二枚のカードで、「ママはどっち？」「パパはどっち？」と問う。そのことで子どもは単語を区別できるようになる。

読み方ゲーム

次のステップは自己関係語。この時も前の場合と同様、一時に一つだけ見せる。手、頭、目、鼻、口、耳、ひざ、足など。

子どもの手を握り、「これは手よ」と言い、「手」と書いた英単語のカードを見せる。この時カードの大きさは、「ママ」「パパ」より一回り小さくする。文字は赤で。

次に家庭関係語を教える。兄弟がいれば、「兄弟」「姉妹」。犬や猫を飼っていればそれらを。椅子、テーブル、ドア、窓、時計、テレビ、文字数の多い冷蔵庫など。また所有物のスプーン、皿、茶碗、カップ、帽子、シャツ、ズボン、靴、靴下、ボール、本など。他にも生活関係語として卵、パン、スープ、水、肉、魚など。私は、家とスーパーで目にするポピュラーな野菜や果物の名称などを取り入れる。

幼児期のユーシンは、絵が好きで毎日絵を描いていた。絵本に登場する乗物や動物たち。テレビの子ども向け番組で活躍するヒーローや戦う怪獣たち。カレンダーや広告、チラシの裏に描いた。彼が使う色鉛筆やクーピーなどで色の名前を教える。

その後わが家では、ユーシンが興味をもつ語彙を選んで教えた。たとえばいろいろな種類の乗物（乗用車、トラック、バス、電車、自転車、飛行機など）。

羽田沖近くに、頭上を通過して離着陸する飛行機が間近に見られる京浜島公園がある。飛行機の大きさと爆音に、初めてのユーシンは圧倒される。浜松町駅からモノレールに乗って羽田空港へも。

また公園にある遊具類。動物園で見たり、絵本に登場したりする動物たち。英単語で文字数の多い「象」も加える。この段階でカードをさらに一回り小さくして、黒マジックペンで書く。

その他、熱い（暑い）、冷たい（寒い）、硬い、やわらかいなどの形容詞。走る、歩く、食べる、飲む、着る、読む、描く（ユーシンの場合これを選ぶ）、行く、止まる、座る、話す（talk）、笑う、洗う、切る、跳ぶ、投げる、運転するなど日常で使用する動詞を導入する。

「New one（ニュー・ワン）?」

京浜島公園で
飛行機の大きさに驚く

ユーシンは、いつも新しい語彙の登場を楽しみに、目を輝かせて私に言った。

「そう。今日はこれよ！」

私は新しい単語を提示する。また時どき、古いカードも見せる。

「復習テストよ！」

すると彼は、過去に覚えた語彙を得意気に言ってみせる。

だが時どき嫌がって、進まないこともあった。指導書に「子どもが止めたがる前に切り上げる。勉強時間や教材の量をコントロールすること」と。そんな時は思い切って数日休む。一度、忘れさせてから再開する。

この方法で彼は、八八年九月、初めての幼稚園に選んだ「白金インターナショナルスクール」入園までの一年間に約一〇〇単語を覚える。

算数ゲーム

ドーマン博士著『幼児は算数を学びたがっている』で、「ドッツカード」を使って幼児に教える「算数ゲーム」のことを知った。神戸にある「人間能力開発研究所ジャパンオフィス」

へ「ドッツカード」を注文する。

二週間後、一〇〇枚のカードが届いた。二八センチ四方の白い厚紙の片面に、直径一九ミリの赤いドットが、一個から一〇〇個までランダムに描かれている。最初のカードにドットが一個、最後のカードに一〇〇個と、数が徐々に増えていくように教える。

「読み方ゲーム」よりやや遅れて「算数ゲーム」をスタートさせる。これも「目と耳で覚える」算数である。ゲームとゲームの間に遊びを交えながら楽しく。

以下、指導書より抜粋する。

第一段階は1から10まで。これも「読み方ゲーム」同様、子どもの機嫌がいい時におこなう。1から10までのカードを「これは1」「これは2」と言いながら、子どもに見せて、一枚一秒ずつ一分以内に終わらせる。

これを一日三行程ずつおこない、毎日一つずつ新しい数が加わり、古い数が一つずつ減っていく。ほぼ三ヵ月で、一〇〇枚のカードを全部、子どもに見せることになる。

大人が単に見える程度のものを、子どもは実際に知覚していると。21個と22個を、38個と39個のドッツが区別できると。さらに言えば、47個の玉が、47個の銅貨が、47匹の羊が一目見てわかるという。

算数ゲーム

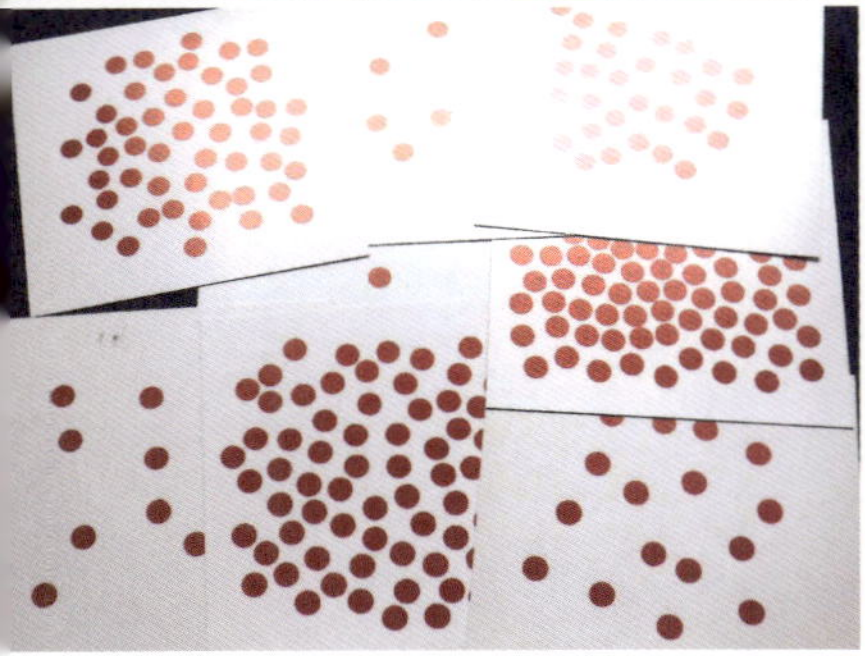

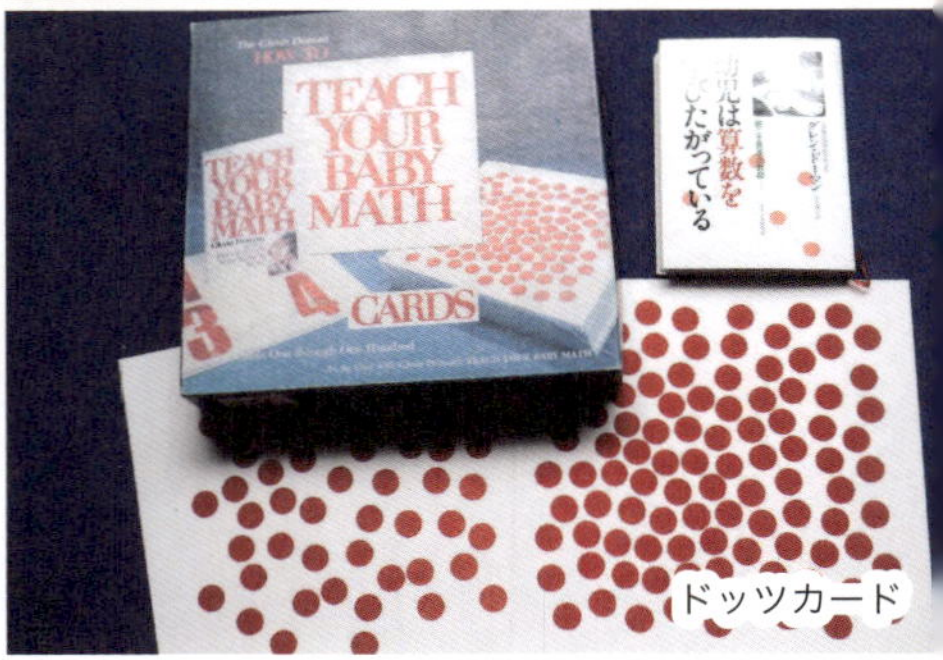

ドッツカード

子どもが35個のカードを見たところで足し算に入る。親は2から10までのカードを裏向きにして用意する。「1＋1＝2」とだけ言って、2のカードを一秒見せて終わる。こうして「1＋2＝3」から「1＋9＝10」までを一分以内に収める。これを一日三回おこなう。その間も毎日一〇枚ずつ新しいドッツカードを見せていく。

次の日は、「2＋2」から「2＋8」までを。翌日は、「3＋7」までを。

足し算を始めて五日目に、「5＋5＝10」をおこなう。その時の子どもは、48までの実際の数の識別と、足し算で10までのすべての組合せができるようになっている。六日目には、「12＋14＝26」や「7＋31＝38」を自由におこない、毎日新しい足し算を増やしていけるという。

三ヵ月で一〇〇までのカードを見せながら、中間の四〇日目から引き算に入る。この時の子どもは、45までの大きな数の足し算ができるようになっている。

これまでと同じように、毎日一〇枚ずつ新しいドッツカードを三回見せて、足して45になる足し算を続ける。そしてこの日から、引き算を始める。

引き算初日は、「10－1＝9」と言いながら、9のカードを見せて、「10－9＝1」まで。次の日、「20－1＝19」から「20－19＝1」までを。それぞれ答えのカードを示しながらおこなう。子どもにより進度は異なるが、約五〇日目から掛け算を、一ヵ月目からは割り算を導入するという。

日本の学校では、小学校三学年ごろ、「九九」が導入される。算数の時間に何度も練習、暗唱した憶えがある。教室に「九九表」が貼ってあった。その経験から私は、ユーシンの場合、ここでは、

「ドッツカード」を使って教えるより、日本式学習法が最適なのではと考えた。「九九」に関しては、目で見て数を認識するより、脳に数字を記憶させる学び方のほうが有利に使いこなせる。

私は、ユーシンが「ドッツカード」で一〇〇までの数を認知、足し算と引き算を学習した時点で、「算数ゲーム」を終了した。

ドーマン博士への手紙

ユーシンといっしょに「読み方ゲーム」と「算数ゲーム」を開始して七ヵ月が経過した。「読み方ゲーム」を始める時、すでに遅すぎるのではと心配した。だが、今になって思えば、なんでも始めるのに遅いということはない、と実感している。

旅行した時や公園で長い時間遊んで疲れて帰宅した時などには、これらのゲームを中断することがあった。でも「ゲームで学習」する機会を得て、ユーシンとともに学ぶことができた経験は貴重な財産である。さらにそれが原動力となって、子育てに反映されたことの収穫はとても大きい。

一九八八年五月、私は、フィラデルフィアにある「人間能力開発研究所」のドーマン博士宛てに手紙を書いた。

ユーシンの年齢と趣味。英語での日常や、彼が好んで見ている洋書絵本と、好きな絵本の作者のことなど。また、ユーシンの年齢からして、迷いながら出発した「読み方ゲーム」と「算数ゲーム」のこと。今では始めてほんとうによかったと実感していると。「ゲーム」をしている私たちの写真を添えて。

二冊の著書から学んだ指導法で実践、ユーシンとともに楽しく学習できているよろこびと、感謝の気持ちを、私は博士に直接伝えたかった。

ドーマン博士の著書から、「幼児の知力は無限の可能性と、教えれば教えるほど吸収する高い潜在能力をもち、彼らを取り巻く環境の重要性」を教えられた。

翌六月に三週間のサマースクールを経て、九月からユーシンの幼稚園生活が始まる。バイリンガル、バイカルチュラル教育は幕を開けた。

翌八九年八月、私は、博士のアシスタント、ネスト・ホルベイ氏より返事を受け取る。そこには、あなたの手紙とかわいい息子の貴重な体験や情報をたくさん送ってくれて感謝する、とお礼が綴られている。その他、写真の私たち母子が幸せそうで、かならず成功するという励ましの言葉。博士は全米を飛び回っているため、返信が遅れたことへの詫びなどが記されていた。さらなる進展と継続を祈っていると結ばれていた。

ドーマン博士へ手紙を送ってから、一年三ヵ月が経過していた。送ってしばらくのころは、返事を期待したが、しだいにそのことも忘れていた。思いがけない返信に驚いた。

勇気をもらった私は、できる限り続けようとあらためて思う。

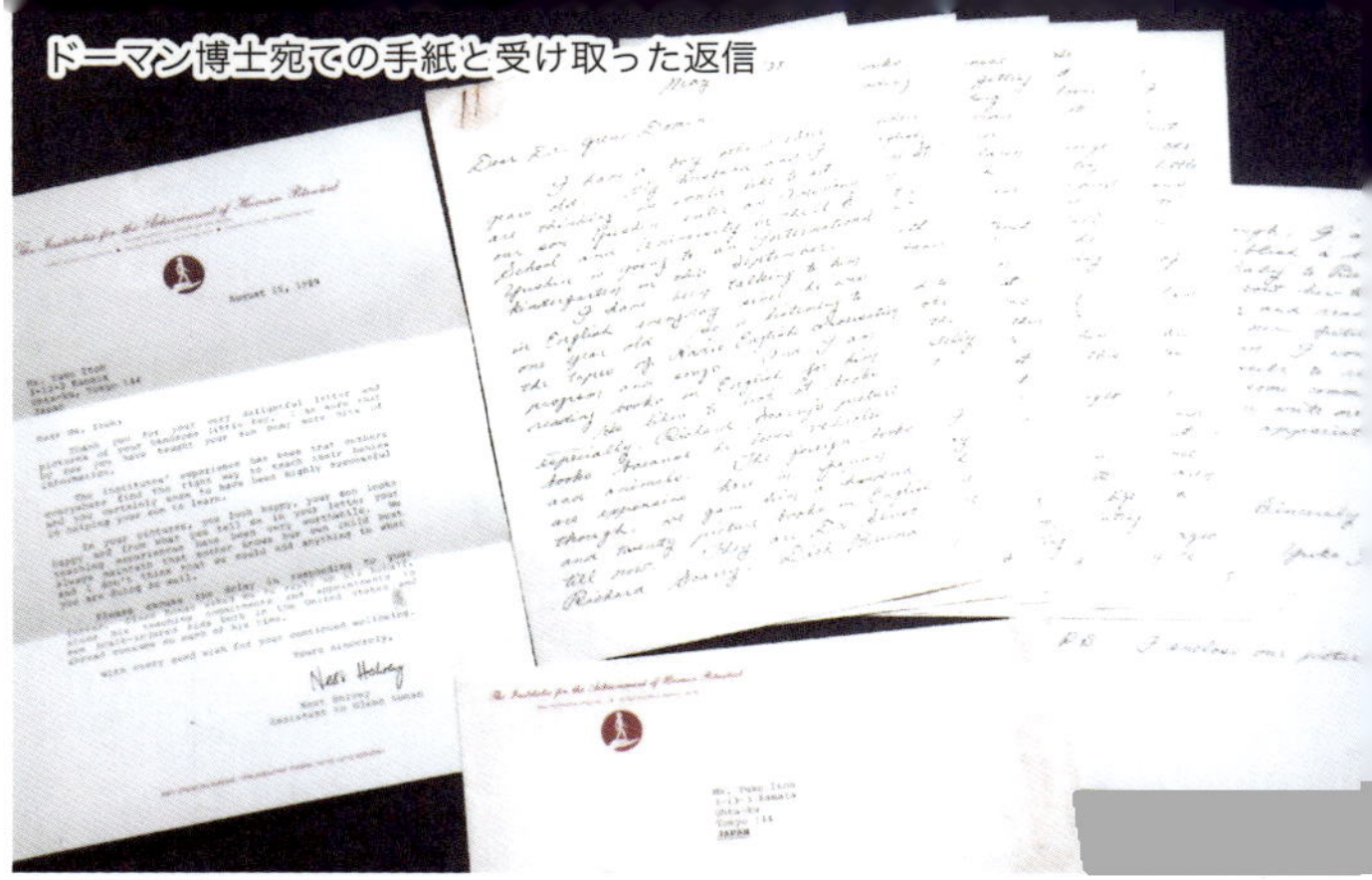

ドーマン博士宛ての手紙と受け取った返信

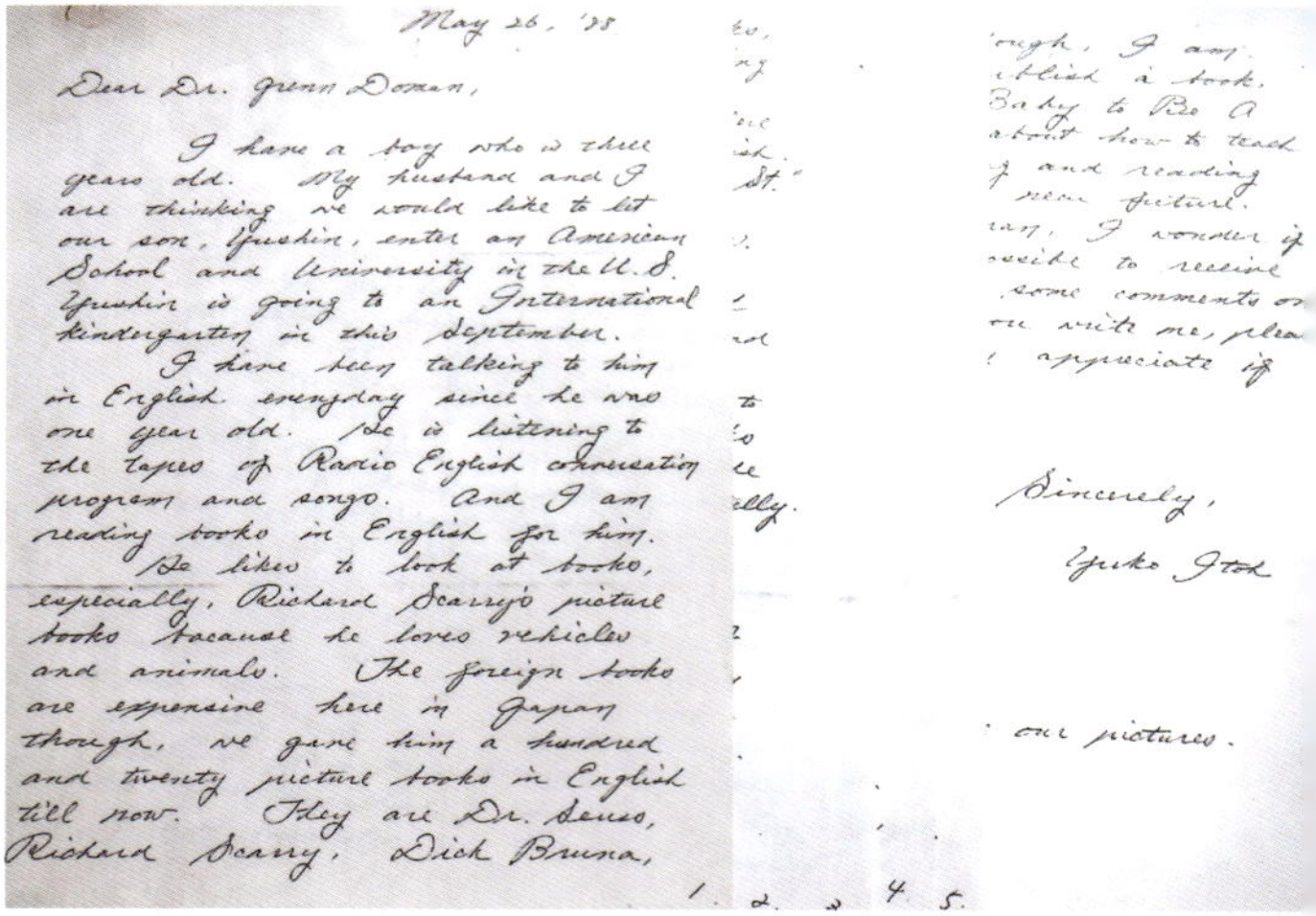

May 26, '88

Dear Dr. Glenn Doman,

I have a boy who is three years old. My husband and I are thinking we would like to let our son, Yushin, enter an American School and University in the U.S. Yushin is going to an International kindergarten in this September.

I have been talking to him in English everyday since he was one year old. He is listening to the tapes of Radio English conversation program and songs. And I am reading books in English for him.

He likes to look at books, especially, Richard Scarry's picture books because he loves vehicles and animals. The foreign books are expensive here in Japan though, we gave him a hundred and twenty picture books in English till now. They are Dr. Seuss, Richard Scarry, Dick Bruna,

1. 2. 3. 4. 5.

...ough, I am ...ublish a book. Baby to Be A... about how to teach ...g and reading ...new picture. ...way, I wonder if ...ssible to receive ...some comments on ...ou write me, plea... I appreciate if

Sincerely,

Yuko Itoh

...our pictures.

The Institutes for the Achievement of Human Potential

GLENN DOMAN, CHAIRMAN OF THE BOARD

JANET DOMAN, DIRECTOR ● DOUGLAS DOMAN, VICE DIRECTOR ● ROBERT F. DERR, ADMINISTRATOR

August 15, 1989

Ms. Yuko Itoh
3-13-3 Kamata
Ohta-ku, Tokyo 144
Japan

Dear Ms. Itoh:

Thank you for your very delightful letter and pictures of your handsome little boy. I am sure that by now you have taught your son many more bits of information.

Ⅲ　インターナショナルスクールへ

決意と放棄

一九八七年夏、ユーシン二歳半のころ、夫と私は、彼の学校に「インターナショナルスクール」を選んだ。それは私の強い希望からである。夫は初め、そのことに懸念を抱き、日本に住む日本人が、なぜ外国の学校を選択するのか、真意が理解できなかったようだった。

私は、日本の教育に特に不満があった訳ではない。世界中で通用する英語がこれからは必要だ、と教えてくれた祖父の言葉が、いつも私の脳裏にあった。

私も、英語を習得することで視野が広がり、将来かならず役に立つと信じていた。夢を成し遂げられずに、二〇歳で病死した伯父の望みを、ユーシンに託したいという想いもあった。

言葉は手段である。読み書きはできても、会話はキャッチボールだ。机上の学習で身につくものではない。ドーマン博士の著書にある「子どもを取り巻く環境次第」。語学の習得には環境が切り離せない。

夫は、フジテレビ系列の制作会社、共同テレビジョンに勤務、カメラマンを経て、プロデューサーをしていた。取材やロケで三〇代のころから海外を行き来し、家を空けることがたびたびあった。諸外国の事情にも精通していた彼は、私の願望を受け入れてくれる。

一九九〇年秋、ユーシンが翌年四月から小学校へ入学する前年だった。大田区役所から連絡がくる。行ってみると、来年度四月から入学予定の小学校を明記するように言われる。そこには区域指定の公立小学校名と、私立ならば学校名を記入する用紙が置かれていた。わが家のように、区内のどこの幼稚園にも在籍していない児童の調査なのだろうか。

当時ユーシンは、「アメリカンスクールインジャパン（以下、ＡＳＩＪ）」の幼稚園に通っていたので、小学校もそこへ進学すると書類に記載した。事実上、日本の教育機関、および学校放棄である。

九一年五月、夕方遅くのことだった。管轄する北蒲小学校教頭の突然の来訪に驚く。なぜ、学校へ来ないかと質問されたので、私は手短に訳を話した。すると彼は、語気を荒めて言った。

「何かあったら、どうするんですか？」

「何か、ってなんですか？　起きるか起きないかわからない何かを今から心配して、どうするんですか？　どこの学校へ行ってもいろいろあるでしょう」

と私。この場合の「何か」とは多分、登校拒否や途中での挫折、いじめなどを指して言っているのだろう、とそのとき思った。

返事に困ったのだろうか。

「……わかりました。じゃ、これで――」

彼はそれだけ言い残して帰って行った。

私は、大学を卒業していれば、日本でも外国でも認められる。世界中どこででも働ける、生きていけると確信していた。

学校選び

一九八七年秋、三年保育の幼稚園を決めることから、ユーシンの学校選びがいよいよ始まった。現在のようにあらゆることが、コンピューターで検索できる時代ではない。一般家庭にパソコンはなかった。

私は、都内と横浜市のインターナショナルスクールを図書館と電話帳で調べる。横浜へは自宅がある蒲田から二二キロある。都内の学校を当たることにした。

都内にある学校数校の中から、「Jインターナショナルスクール（以下、JIS）」「Nインターナショナルスクール（以下、NIS）」と「白金インターナショナルスクール（以下、SIS）」を選び、電話で問い合わせる。

学校の規模、キャンパスの広さ、生徒数と教師数、入学資格、条件、入学時期、スクールバスの有無などを訊ねながら、電話口での対応を窺う。いずれも小から中規模の学校である。

JISとNISは、日本人を国際化する目的で造られた学校だ。JISの場合、在籍生徒の九〇％が日本人だった。私がユーシンに与えたい、国際性が育つ環境にはほど遠いと感じる。

それに比べNISでは、日本人と外国人の割合が約半々で、若干外国人が多く、インターナショナルスクールとしての環境はいいと思った。北野天満宮に祭られ、学問の神として著名な菅原道真公の子孫が創設者である。夫も私も日本人である。私は、電話口での対応に敷居の高い印象を受けた。

JISとNIS、SISの三校中、もっとも好意的だったのが、幼稚園のみのインターナショナルスクール、SISである。

SISの園児たちの国籍は約二〇ヵ国。アメリカ、イギリス、フランス、ドイツ、スペイン、カナダ、フィンランド、韓国などなど。大使館職員や、ＩＢＭなど商社と海外企業の駐在員家族の子どもたちがほとんどを占めていた。あとは日本人とのハーフの子どもたちと、ユーシンのように両親がともに日本人の子どもたちが、それぞれ一〇％前後いた。

当時ＳＩＳは創立二年目の新しい学校で、園児数三六名の小規模な幼稚園だった。

面接と入学

一九八八年四月中旬、夫と私は、三歳のユーシンを連れてＳＩＳへ見学に訪れた。そしてこの日、校長ミスターＭとの面接も予定されていた。

一週間前に電話を入れた時、最初は見学だけのつもりだった。ところが電話口の彼は、こちらの気持ちを汲み取ってくれて、ていねいに対応してくれた。とても気さくに、それならば、ぜひ会いたいと、その場で面接日が決まる。

朝八時四五分、私たちはＳＩＳに到着する。すでに教室では、三〇数名の園児たちが、遊具やおもちゃで思い思いに遊んでいた。数人でゲームをしている子どもたち。テーブルや椅子の間で、豆自動車を器用に乗り回している男の子たち。人形の頭をなでたり、髪をとかしている女の子たち。自分の体より大きなブロックを積み上げたり、崩したりして楽しそうな子どもたち。

九時一五分、先生の掛け声で、園児たちは各々二つの教室に分かれて行った。片方の教室では、若い男の先生と遊戯が、もう片方の教室では、女の先生による絵本の朗読が始まった。私は、豆自動車に乗っていたユーシンを促す。床に座って絵本に見入る子どもたちの後ろに座らせた。

私たち夫婦の面談に当たったたミスターMは、三〇代半ばの若い校長である。電話での応対同様に、気さくでやさしい人柄が表われていた。私たちが日本人であっても、何ら制約や特別な条件など要求されることはなかった。両親の経歴と面接で、ユーシンの入学が許可される。

国際感覚が育まれる環境の下で、視野の広い人間に育てたい。

そのための教育環境を、幼児期から息子に与えたい。

これからは自国の日本だけでなく、大局的に世界を見据えた対応のできる人材が求められる時代になる。

私は、ミスターMが私の考えに理解を示し、全面的に受け入れてくれたことに感謝した。

私たちは本当にうれしかった。

夫と私が校長と面談している間、ユーシンは、すでに慣れた様子で豆自動車を操ったり、他の園児たちとブロックで仲よく遊んだりして待っていた。

ＳＩＳでは月曜日から金曜日、九時から二時まで保育が行われる。港区白金台五丁目の八階建てマンションの一階部分の日当たりのいい南側に二つの教室があった。その奥に事務室やキッチン、洗面所などがある。こぢんまりとしたＳＩＳの環境は、ユーシンに最適だと感じる。

サマースクール

同年九月、ユーシンが高校まで、この先一五年通うインターナショナルスクール初年度（年少、Ｋ３）が、ＳＩＳから始まった。ここで彼は、三年間の幼稚園生活の年少（Ｋ３）を迎えることになる。近くに国立自然教育園があり、緑が多く、都心にしては閑静な場所である。

一九八四年一二月生まれのユーシンは、八八年六月、三歳六ヵ月で親から離れ、初めての社会生活と集団生活を体験する。同年九月からいよいよ始まる幼稚園生活に、少しでも慣れるため、三ヵ月前の六月に計画される三週間のサマースクールから入学することにした。

欧米の学校では、六月初旬から八月末までの三ヵ月間、長い夏休みに入る。子どもたちは、各々の学校が企画するサマースクールやサマーキャンプに参加したり、家族との旅行などで過ごす。

六月一三日は、ユーシンにとって記念すべき日となった。SISのサマースクールが始まり、彼の入園第一日目となる。

同年代の友だちと遊ぶことを望み始めた時期とも重なった。そんな彼に、早くも友人ができたらしく、上機嫌のユーシンだ。

「だいじょうぶだろうか?」

SIS のサマースクール
代々木公園にて

NHK 見学
左から3 人目がユーシン、1 人おいて後方中央がヘザー先生

前日まで、不安を隠せない様子でいた夫の心配をよそに、初日は好調なスタートを切る。

入園二日目のこと。

「ユーシンはきれいな英語を話すから、だいじょうぶ」

担任のヘザー先生からそう言ってもらい、少々驚いたが、安堵する。

入園前の彼の英語は、そのほとんどが私との会話だけである。兄姉との関わりやテレビの影響がしだいに大きくなっていた。正直ユーシンの英語が心配であった。ヘザー先生の言葉にホッとする。

自分の意思表現にはまだ不十分だが、先生と友だちが話す英語は理解できているとのこと。英語の絵本やテープ、テレビのセサミストリートが役に立って本当によかった。

SISのサマープログラムは三週間。参加園児は一三人。先生は、アメリカ人が二人、インド人と日本人が一人ずつの四人だった。月、水、金曜日は教室で、火曜日と木曜日は母親同伴で、都内のバス見学が企画された。

ある日、渋谷のNHKを見学する。ユーシンも観ていた番組「お母さんといっしょ」のセットで、着ぐるみに触ったり、いっしょに遊んだりした。

また別の日には、神田の交通博物館へ。機関車の運転席に座って、本物のレバーを実際に触って操作の真似事をした。シートに腰かけ飛行機の疑似体験もする。遊びいっぱいのプログラムを母子で楽しむ。

サマースクールが始まって一週間が無事終わった日、私はユーシンに訊いた。

「この一週間、あなたはいい子だったわね。これからもだいじょうぶ？」

するとと、彼は自信をもって答え、私を安心させてくれる。

「Ｙｅｓ、Ｉ　ｗｉｌｌ（イエス、アイ・ウィル）．　Ｉ，ｌｌ　ｔｒｙ（アイル・テュライ）」

いたずらっ子に遭遇

三週間のサマースクールもあと二日を残すだけとなる。この日ユーシンは、送って行った私のそばを離れようとせず、とうとう泣き出してしまう。幼稚園が楽しくて、「Ｉ　ｅｎｊｏｙ　ｉｔ（アイ・エンジョイ・イッ）」と言っていた彼だったのに。私は驚いて理由を訊ねる。

「Ｄａｎｉｅｌ　ダニュエゥ、ダニュエゥ、……」

とユーシン。悲しそうな表情をにじませる。

「ダニエル」と日本人が発音するように言わないので、初めはなにを言っているのか、夫も私

わかる。

も理解できなかった。ようやく原因が、ダニエルという一年上の腕白ボーイのことらしいとそう言えば、バス見学の時、頻繁に先生に叱られていた彼、ダニエルを私も思い出した。悪気はなさそうだが、いたずら坊主なのだ。園児たちにちょっかいを出してよろこんでいる。ユーシンもたびたび彼に鼻をつままれたり、「ノー」と言っておこられたりしたそうだ。

そんな時、ユーシンはきっとしょげてベソをかいているのだろう。しかし私の前で、幼稚園を休みたいとは一度も言わなかった。それよりも彼は、幼稚園が楽しかったに違いない、と私は思っている。

ヘザー先生が、ユーシンの様子に気付き、ダニエルに注意をしてくれる。

「自分より年下の友だちにいたずらをしてはいけません」

お陰で、残り二日を無事終了できた。

アイ・エンジョイデュ・イッ

SISに入学する時、私はユーシンに「学校は楽しいところ」だとたびたび伝えてきた。

その甲斐あってか、毎日、早寝早起きを励行。いかにも自分ではお兄ちゃんになった気分で、学校へ向かう彼であった。

息子が親元を離れ、初めて体験したサマースクール。七月一日のディズニーランド見物で最終日を迎える。ユーシンはディズニーランドが初めてだった。NHKを訪れた時、いっしょに遊んだはずなのに、ここでは大きなクマとレッサーパンダの着ぐるみをこわがる。

この日はどの母子も、童心に帰って楽しんだ。おもちゃの汽車やトロッコ列車に乗ったり、お化け屋敷でヒヤヒヤ、ドキドキしたり、ジャングルの中をボートに乗って探検したりした。

この三週間、途中で軽い風邪をひいたが、熱はなく元気だったので、一日も休まず出席できた。その間は夫も早寝早起きが日課となり協力してくれる。

私は毎朝六時半に起床、お弁当作り。夫は、車でユーシンと私をSISへ送りながら、普段より早めに出社した。午後二時、ユーシンは帰宅途中、車のなかで早くもスヤスヤとお昼寝。私は、週二日のバス見学のあとはもうクタクタである。でもユーシンの成長ぶりが実感できるにつれ、疲れも吹き飛んでいった。

ふくれっ面で入園式

一九八八年九月七日、SISで入園式が行われた。サマースクールが終了して二ヵ月後、幼稚園一年目（年少、K3）が、ここSISで始まった。前年度より四人増えて四〇人の園児たちが、三ヵ月の長い夏休みのあと一堂に会した。

教室では新旧入り交じった親子連れで、すでにごった返している。平日だったため、母親が圧倒的に多いが、半数近くは夫婦揃っての出席である。

集まった親たちは、相互に自己紹介したり、近況を伝え合ったりしている。

また一部の教師たちの顔ぶれが代わった。サマースクールで、ユーシンの世話をしてくれた日本人の先生が辞められていた。少々がっかりしていた私とユーシンに、事務職員がすぐに新しい先生を紹介してくれる。やさしそうな先生に会えてホッとする。

一時に一〇〇人が集い、教室はにぎやかな歓声と熱気に包まれている。しだいにユーシンの様子がおかしくなってきた。彼は元気でやんちゃな反面、思いっきりが悪く、臆病な一面があった。初めて体験することにはその傾向が強い。

彼が小学生の時、学校のクラブ活動とは別に、近所で剣道やサッカー、水泳、書道などの教室に通わせた。どこでも初日が大変だった。ひとたび始まってしまえばどうということはなく「よろこんで通うのに……」である。

「ほらね、だいじょうぶだったでしょう?　なにも心配することはなかったでしょう?」

初日が終わるたびに、私は幾度ユーシンにそう繰り返したかわからない。

「I　know（アイ・ノー　わかってるよ）……」

その都度ユーシンはそう答えるものの、本心はどうやらそうではないらしい。不安を抱えた状態にある。ユーシンだけではない、誰しも初めてのことに直面すれば緊張する。ただ彼の場合、その度合いが大きかった。

サマースクールでは、わずか一三人の園児たちの活動だったのが、新年度になって四〇人にふくれあがった。入園式の雰囲気に圧倒されたのが原因だった。

そうこうしているうちに、若い校長ミスターMの挨拶で式が始まった。

「皆さん、本日はようこそSISへ。わたしは、幸せなことに今年もここにいる。なぜだろう?　来年はどうなっているか、わからないが……」

校長のジョークに、父母たちからどっと笑いが沸き起こる。

「三年目のSISは、ウェイティングリストができるほど人気の幼稚園になった。この先SISは、いったいどうなるのだろう？　ともかく大いに期待しよう！　Thank you！」

場内は、歓声と拍手に包まれた。

インターナショナルスクールの入園・入学式は、日本の式典とかなり異なる。親も子も教師も、みな一丸となって盛り上げる。終始ざっくばらんでなごやかな雰囲気のなかで行われる。

そのあと教師たちが紹介された。園児一人ひとりに、先生手作りのかわいいペンダントが用意されていた。それには野菜や果物の絵が描かれ、園児の名前が書かれている。担任の先生から一人ずつ園児の首にペンダントがかけられた。

ユーシンは相変わらず不機嫌だ。それに追い討ちをかけるように、おまけがついてしまった。ペンダントには、なんと彼が嫌いなナスの絵が描かれている。担任のドット先生が、ユーシンにペンダントをかけてくれた。ユーシンのふくれっ面は、治まるどころかますますエスカレートする。終始うつむいたままの状態が続く。

園児たちは椅子に腰かけ、父母たちはその周りと後方で立って式に臨んだ。わが子の姿を追いながらカメラに収める母親。ビデオカメラのテープを回す父親もいる。式はあっという

入園式　SISにて

浮かない顔のユーシン

間に終わった。

その後、親たちが持参したサンドイッチやケーキ、クッキーなどがテーブルに運ばれた。園で飲み物が用意され、パーティーが始まる。

面識のない親同士が知り合う機会となり、話したことのない人たちとの交流の場となる。どちらかといえば、式そのものより、親たちの懇談に重点がおかれているようだ。

そのころになって、ユーシンの気持ちも徐々にやわらいでいった。

園ではその後も、誕生日会や催しもの、いろいろな交流会やパーティーが開かれた。母親たちが交替でスナックやデザートを作って持ち寄る。

後にユーシンが転校した幼稚園と小学校のどこも同じであった。

この日の入園式は、昼ごろにすべてを終えてお開きとなった。明日からいよいよＳＩＳでの新学期が始まる。

初めの一歩

入園式のにぎやかさに圧倒され、不機嫌だったユーシン。その影響が尾を引いているせいか、どことなく元気がなかった。

八時五〇分から九時一五分が園児たちの登校時間だ。送って行った私のそばを離れようとしない日が一週間続く。ユーシンと同じような子どもが他にもいた。彼のお母さんと、一〇時のスナックの時間まで園にいて、様子をみることにする。そして一週間が過ぎた。

幸い、ユーシンはＳＩＳが楽しかったようだ。行きたくない、とは言わなかった。私と離れるのが不安だったのだろう。友だちが一人でもできたら、たちどころに解消する、と夫と私は考えていた。

ユーシンに仲よしができたのは、その後すぐのことである。彼の名前は「ヤンギ」、韓国から来ていた。それからは毎日のように、会話のなかにヤンギが登場するようになり、私たちを安心させた。

園に着き、ヤンギの姿を見つけると走って行った。そこにはまた別の友だちも待っていた。角が丸く子どもの顔の大きさほどのブロックで遊び始めた。ユーシンにいろいろな国の友人たちができた。

カナダ大使館勤務の父親と家族で来日した、同い年の「アンディ」。イギリス人新聞記者の息子「エリック」は一学年上だ。彼とは、サマースクールからいっしょで親しくなる。母親は日系二世のブラジル人だった。またオーストラリア出身の父親、母親が日本人の「マリサ」。彼女も同い年である。彼らとは、双方の家へ遊びに行く間柄になり、家族ぐるみの付き合いとなる。

アンディは、三人兄弟の末っ子だが、口数が少なくおとなしかった。絵本を広げ、ぼそぼそと話しながら、いつも遊んでいた。

一方エリックは、何事にも行動的で積極的。アンディとは対照的な男の子である。ユーシンを子分のように従える。だが、ユーシンはエリックが大好きで、ともに行動することが多かった。

ユーシンはそのころ、外泊の経験がまだ二回しかなかったが、エリックは何度もわが家へ泊まりに来た。わが家で二人は、ところ狭しと家中を駆け巡る。

テーブルの角に頭をぶつけないだろうか。転んでけがをさせてはいけない。

私はハラハラ、ドキドキの連続である。

そんなエリックにもこんなことがあった。私たちは千葉県大網白里市に家がある。週末は月に一、二回、また学校が休みになると家族で長期滞在する。夫はそこから東京へ出勤した。エリックはいつものようにわが家へ泊まりにくる。三泊、四泊は平気な彼である。エリックとユーシンをつれて千葉へ。

千葉は庭が広い。芝生の上にビニールプールを出す。水を張って彼らを遊ばせた。ケヤキの大樹が日陰を作り、直射日光から守ってくれる。プールを出たり入ったり、追いかけっこしたり、縦横無尽に走り回って遊んでいる。ここなら転んでも心配なかった。

エリックとマリサのお母さんたちと妹たち

左から2人目　マリサ、ユーシン、エリック
代々木公園にて

エリックと千葉の家にて

エリックと水遊び　千葉の庭にて

エリックと千葉の家にて

千葉の庭でエリックと

夫と私、ユーシン、エリックはいつも同じ部屋でいっしょに寝る。真夜中に急にエリックが起きて、部屋の中をぐるぐる回りながら泣いている。こんなことは初めてだ。夫も驚いて起きてくる。

私はエリックを抱いて、どうしたの？と訊く。夢を見たようだ。

「明日、お母さんに来てもらおうね」

そう言うと、彼は安心したのか、目をこすりながらうなずく。ユーシンも目を覚ましたが、二人ともすぐ眠りについてくれたので、夫と私は安堵する。

翌朝、急いでエリックのお母さんに連絡するが、当のエリックは何事もなかったかのように、いつもどおりユーシンとはしゃいでいる。昼ごろ、お母さんが迎えに来る。その後も、彼は何度か泊まりに来た。

マリサのお母さんは、日本人なので話しやすかった。マリサには妹がいて、彼女は娘たちに手作りの服を着せていた。趣味が同じで、年齢も近かった私たちはすぐに親しくなった。互いに育児の相談や、学校の情報を交換し合う。彼女は世話好きで、よく自宅に子どもたちを招いてくれる。

今思えば、子どもたちは伸び伸びとしているし、親たちも気さくな人が多かった気がする。ユーシンの幼稚園生活が、目に見えて楽しいものに変わっていった。

宿命

インターナショナルスクールには「宿命」がある。転校は年度末になると日本でもよくあることだ。だがインターナショナルスクールでは、年度末とは限らない。子どもたち同士の別れは、ある日突然やってくる。

随時入学してくる子どもがいれば、親の都合などで帰国したり、別の国へ行ったりするケースもある。

「別れ」は、インターナショナルスクールの、またそこに通う生徒たちの「宿命」であった。

まもなくユーシンは、ヤンギとの別れを経験することになる。ヤンギが韓国へ帰国することになった。大使館勤務の父親と家族で日本に来ていた。

ヤンギの帰国を先生から聞いた時はさびしそうだったが、この時のユーシンは、あまり悲しそうではなかった。他にも友人たちができていたからである。子どもの適応力の速さに感心させられる。夫と私は胸をなでおろす。

親友との別れ

そして、またしてもユーシンに「その時」が訪れる。

彼は「ジュンヤ」と言い、おとなしい男の子だった。

朝ユーシンを送って行くと、彼はすでに来ていた。ユーシンを待っていたかのように、そばへ寄って来る。彼は黙ってユーシンの手を取り、おもちゃがたくさん置いてあるほうへと二人は駆けて行った。その時の彼らのほほえましいうしろ姿が、今でも私の目に焼きついている。忘れられない光景だ。

ジュンヤとはスナックやお弁当をいっしょに食べるという。デスクでお絵かきや工作をする時もとなりに座る。引率の先生が引くロープを持って、近所の公園へ遊びに行く時も、常にいっしょだった。

それからわずか三ヵ月後のことである。突然ジュンヤが転校してしまった。

私は、担任のドット先生から、ジュンヤのこと、そしてユーシンががっかりしていることを重ねて聞かされた。突然のことに驚き、私もショックを受けた。

ユーシンは私以上に落胆し、悲しかったに違いない。

彼の両親は、私たちと同じように日本人である。彼は日本の幼稚園へ転校したのだった。

その後、ユーシンはたびたび私に訊いてきた。

「Will Junya be back to SIS again（ウィル・ジュンヤ・ビー・バック・トゥ・SIS・アゲン）?」

ジュンヤ（左）とユーシン　SISにて

「ジュンヤは二度とSISに戻って来ないのよ――」

夫も私もつらかった、が、そのたびに私はそう答えた。

ドット先生も私と同意見で、ジュンヤが転校したことを、ユーシンにきっぱりと告げてくれた。希望的観測で、大人がいい加減な返事をしてはならない。

私はこのことを、ユーシンが自身で自分の気持ちを整理して、自力で乗り越えてほしいと願った。

「これから先も、このように悲しいことは起きる。いい友だちは他にもたくさんいる。みんなと仲よくすれば、いい友だちができる。かならず親友ができる」

と諭して聞かせる。ユーシンは黙ってうつむいていた。

そのうちに、きっと解ってくれる……。

この時が、ものごころ付いたユーシンの初めての試練だったのだろう。

SISの幼稚園生活

SISの四〇人の園児たちは半数ずつ、ブルークラスとレッドクラスに分かれている。日本で言えばブルークラスが年中（Ｋ４）、レッドクラスが年少（Ｋ３）に当たる。ユーシンは、初めての幼稚園なのでレッドクラスに入った。

各々のクラスに担任とアシスタントがいて、二人で子どもたちを指導する。ブルーとレッドでは、勉強の内容が少し異なるが、園での催しや誕生日会、パーティーなどはいつも合同で行われた。

絵を描くのが大好きなユーシンは、ＳＩＳでも毎日、絵を描いて持って帰ってくる。先生が読んでくれる絵本に登場するヒーロー、乗物、動物、怪獣などだ。送迎で園に行くと、子どもたちの描いた絵が壁いっぱいに飾られている。ユーシンはお絵かきの時間がとても楽しそうだ。

アルファベットは、Ａ（ａ）から順に頭文字につく単語から、読み書きの大文字と小文字を習っている。日本の幼稚園で、ひらがなを習うのと同じように。

その日に覚えた単語を、お風呂のなかで壁のタイルに指で書いて復習。

「Ａ is ａｐｐｌｅ、Ｂ is ｂｏａｔ、Ｃ is ｃｕｐ、Ｄ is ｄｅｓｋ、Ｅ is ｅｌｅｐｈａｎｔ」

「そう？　長いのも書けるのねぇ。すごいわね！」

象のエレファントは「読み方ゲーム」ですでに勉強した。

ユーシンには内気な面がある。「ミズ・ドット、ミズ・ドット！」と教室で手を上げ、先生の注意を引いて発言はしないだろう。

彼は、アルファベットを抵抗なく受け入れている。

一日一回は近所の公園で外遊びをする。子どもが電車ごっこをする時に作る長いロープに、輪投げに使用する少々小ぶりな輪がついている。子どもたちはその輪を片手で握り、前後で先生が誘導しながら公園まで歩く。

ここ白金台五丁目には、国立自然教育園があり、大きな樹木におおわれて常に緑が豊かだ。目黒通りから恵比寿へ抜ける通りを一歩入ると、閑静な住宅地である。その一角に小さな公園がある。すべり台とブランコ、砂場がある。ＳＩＳの園児たちは毎日そこで遊ぶ。

近くの消防署へも見学に行った。

いつしかジュンヤのことを言わなくなった。ユーシンの幼稚園生活は軌道に乗る。

4 歳の誕生日に作った作品
SIS にて

消防署を見学　右端がユーシン

4 歳の誕生日会　左端がユーシン

消防署見学　前列左から3人目がユーシン　SISで

園児たちと　SISにて

プレイタイム　左端がアンディ　ユーシンは右端

ハロウィーンパーティーで輪投げゲーム

左から2人目がアンディ　そのとなりがユーシン

ショー&テル

二月のある日、ユーシンが幼稚園へおもちゃを持っていくと言う。

「Someone came to SIS with toy（サムワン・ケイム・トゥ・SIS・ウィズ・トイ）！」

驚いた私は、そんなはずはない、と彼におもちゃを持たせなかった。

「Show & Tell（ショー&テル）！ That's show & tell（ダッツ・ショー&テル）. That means show & tell（ダットゥ・ミーンズ・ショー&テル）！」

「ショー&テル？」

初めてユーシンの口から出てきた言葉だった。私のなかで「ショー&テル」とおもちゃが一致する。

そうか！　それだったんだ。

これはユーシンの英語力を伸ばす絶好のチャンスだ！

そう思った私は早速、先生に尋ねる。彼が言った通りだった。おもちゃはもちろん、本や小さなインテリアなど、身の回りにあるものなんでもよかった。もっと早くに、気付いてあげられなかったことを後悔した。

一人一個ずつ気に入ったものを持参、それを見せて二言、三言、簡単に説明する。その間、子どもたちは椅子に腰かけているドット先生の膝の上に乗って。彼女は、恰幅のいい四〇代の先生だった。

交替で一人ずつ先生に聞いてもらう。他の園児たちは、床に座っていっしょに聞いている。先生とスキンシップしながら言葉を交わす。先生と子どものコミュニケーションの時間だ。「赤ん坊には肌を離すな。幼児には手を離すな。子どもには目を離すな。青年には心を離すな」と私は祖母に教えられた。ここではドット先生が自らそれを実践してくれた。「ショー&テル」は、子どもの発言をうながすのに大変効果的である。興味あることや好きなものに関して、人は積極的になれる。後に行く学校、ＡＳＩＪでも別の形で「ショー&テル」が導入されていた。

その日以来ユーシンは、自分でなにか一つ選んでは、幼稚園へ持っていくのが楽しみになった。生き物と食べ物以外ならなんでもいい。

最初は、合体して変化するおもちゃの類や乗物、怪獣などが多かった。しだいに好きな絵本や気に入っていつも使っている文房具など、身の回りにあるものから選んだりするようになる。旅行先でお土産に購入した置物や絵葉書、家族で撮った写真など。

夫は、旅番組や教育ビデオなどを制作するプロデューサーで、当時「F1グランプリ」に関わっていた。世界二〇数カ国、主にヨーロッパを中心に年に一二、三回開催される。関係者のみ立ち入り可能なパドックや、サーキット内のコースで撮影できる。クラッシュした貴重な映像や瞬間をカメラに収めることもあった。

車好きのユーシンも「F1」に関心をもち始める。テレビで観戦したり、夫がマニア向けに制作するビデオテープで楽しんだりして、父子で情報を共有していた。ユーシンは外国人レーサーの名前もよく知っている。セナ、ピケ、プロスト、マンセルら外国人に、日本人では中島悟が活躍する。その後、「F1」が全盛期を迎える初期のころだ。

夫は、開催国のレース会場でしか手に入らないボールペンやステッカー、キーホルダー、Tシャツ、帽子、ジグソーパズル、ポスターなどを買ってくる。ミニチュアカーやヘルメットもある。それらはユーシンの「ショー&テル」の格好の教材となった。

目と耳で同時に理解

午後二時に幼稚園が終わって、帰宅途中のことである。目黒通りにあるスーパーの駐車場に車を止める。買い物をしようと車を降りた、その時である。

ユーシンがいきなり叫んだ。

「Ｔｗｏ　ｔｗｏ（トゥー・トゥー）！」

ジグソーパズル

ビデオテープ

ポスター

いろいろなF-1 グッズ

モナコGP ヘアピンカーブ手前でシューマッハが乗った
ベネトンの車から火災発生　消化作業の模様

鈴鹿サーキットでレース前半の第1コーナーで
マンセルがコースアウトした瞬間

「……!?」

私は彼がなにを見て叫んだのかわからなかった。が、ユーシンの目線の先をたどっていくと、少し離れた場所にバイクが駐車してある。そのバイクのナンバープレートの数字であることに気付く。

「それはトゥー・トゥーではなくて、22はトゥウェンティー・トゥー」

私が教えると、彼は答える。

「Ah!　ｔｗｅｎｙ　ｔｗｏ（アー・トゥウェニー・トゥー）」

口語だとアメリカ人の場合、「ｔ」の発音が抜けるケースが多い。以前へザー先生が、22を会話のなかでそう発音していた。それをユーシンが聞いて憶えていたのかと。

ひらがなは、五〇音の五一文字が全部読めれば言葉と結びつく。だがアルファベットは、各々が異なった発音を幾通りも持っていることがある。

たとえば「ａ」。アメリカに「Ａｍｙ」という女性の名前がある。この場合、「エイ」と発音して、エイミー。「ａｉｒ」は「エ」でエア。「ａｐｐｌｅ」は「ア」と「エ」の中間の音。「ｃａｒ」の場合、子音と結びついて「ア」と発音、カーとなる。

アルファベット26文字が単独で読めても、すぐに本は読めない。

その点、日本語はひらがなとカタカナの発音が一通りしかないので、覚えればどんな語彙でも読めてしまう。

SISでユーシンは、アルファベットがすべて発音できるようになった。書くほうも、自分の名前「Ｙｕｓｈｉｎ」を入れて、26文字が全部書ける。

言葉はすべてそうだが、目と耳で習得するしかない。

読み方ゲーム、ふたたび

街中はローマ字表記であふれている。

私たち家族は、よく車で外出した。そんな時、目に入ってくるアルファベットで表記された商品の広告や会社名などを読むことにする。すでに覚えた26文字を看板などで見つけると、彼は盛んにたとえば「S、O、N、Y」「c、o、f、f、e、e」と単独で読む。しばらくの間はそれでよかった。しかしアルファベットを全部覚えた今は、語彙として読めるようにしなければならない。

「Ｙｕｓｈｉｎ」と書いて、ユーシンと読むように。

「あれはソニー（ｓｏｎｙ）、次のはビア（ｂｅｅｒ）」

私は、街中で見かけるアルファベット表記の広告や看板で教える。

その当時から約一年半前、彼が二歳半ごろから始めた「読み方ゲーム」を思い出して。できるだけ大きな文字を探した。そして、その時にしたゲームのようにユーシンに読ませる。文字は大きくはっきりしていることが大事だ。文字数もあまり多くないほうがいい。一単語六、七文字までが適当である。

私は、毎日ユーシンを車でＳＩＳへ送迎していた。「読み方ゲーム」再来の翌日である。車から「ＡＴＯＭ」と書かれた看板が目に入った。

「アトム！」

こともなげに彼は読んでしまう。

幼児の脳は、吸収力といい、記憶力といい、無限の可能性を秘めている。

この時も、夫と私は驚いた。だが、それは息子だけに限ったことではない。

ドーマン博士が、著書で記述していたとおりである。

次の学校を

インターナショナルスクールの新学期は九月に始まり、翌年六月中旬までの約九ヵ月半である。

ユーシンがＳＩＳに入学してまもない一月から、私は以前勤めていた渋谷の学校で、翌年六月までの期間、ふたたび日本語教師として教えることになった。

週に二日、彼を車でＳＩＳへ送り届け、その足で渋谷へ。二時に白金へ迎えに行かなければならないので、できるだけ学校のそばに駐車する。路上駐車がまだ許される時代であった。

授業が始まると一時間、その後、学生たちと話す時もあって一時間以上、車から目が離れる。だいじょうぶだろうと思い、つい油断していると、車がいつの間にか止めた場所になかったりする。二度ほど駐車違反で反則金を支払った。

私が、日本語学校を退いていた四年の間に、学生の顔ぶれがガラリと様変わりしていたのに驚く。前にも書いたが、語学学校で教える英語講師に就労ビザが認可された。そのため欧米人が姿を消し、教室は中国人であふれかえった。そのころは、親戚や知人を頼り、仕事を求めて来日する中国人が大勢いた。

ユーシンがＳＩＳへ通っている間、私は、高校まである学校、彼の次のインターナショナルスクールを探し始める。

次に行く学校として、横浜市山手の「セントジョセフインターナショナルスクール（以下、ＳＪＩＳ）」を選んだ。三月にユーシンの試験と私たち夫婦の面接を終え、九月からの入学が決定する。

しかしこの選択が、その時には予想もしなかった事態を招く結果になろうとは――。

カラクリにはまった。

私の不勉強のせいで、二度とこない吸収力旺盛で大事な幼児期を潰してしまったのである。

後にユーシンと私は、大変な苦労を強いられることになる。

ＳＩＳは、年少（Ｋ３）と年中（Ｋ４）のみのインターナショ

日本語学校の学生たちと　LIC にて
前列左から４人目が私

ナルスクールである。在籍期間が二年に限られた。園児たちの国籍やSISの国際的な環境と家庭的な雰囲気は、非常に気に入っていた。残念に思いながらの選択であった。

SISは幼稚園のみなので、お母さんたちの話題は、もっぱら次に入る学校のことである。SISから近い西町と、瀬田のセントメリーズが多かった。また聖心と清泉（四校とも「インターナショナルスクール」の表記を省略）も何人かいた。SJISへは、ユーシン一人だけである。園児たちのほとんどが、中学か高校まであるインターナショナルスクールの年長（K5）へ入学する。

ユーシンの成長を、期待と不安で見守ったこの一年である。先生方のお陰で、楽しかったSISでの幼稚園生活が、まもなく終わろうとしていた。

卒園式　ビッグハグで先生とお別れ

一九八九年六月九日、SISを卒園する日がやってきた。ユーシンはSISに、前年のサマースクールから卒園後のサマースクールまで、丸一年在籍した。

この日、卒園児は二クラス合わせて、四〇人中一六人である。卒園していく子どもたち、あと一年残る子どもたちが、入り交じって卒園式は行われた。入園式と同様に、親も子もうちとけてなごやかな雰囲気である。

ユーシンたち卒園する園児は、先生手作りの角帽を、担任の先生からかぶせてもらう。一人ずつお別れの挨拶をした園児たちも残りわずかとなった。

いよいよユーシンの番がくる。ドット先生に角帽をかぶせてもらって、小さな声で挨拶の言葉を交わした。そのすぐあとである。先生の首に両腕を回し、大きなハグをしたのだった。これにはドット先生も驚いた様子だったが、しっかりと彼を抱きしめてくれる。先生にハグをしたのは、ユーシン一人だけであった。

「Ｏｈ（オー）！」

そのほほえましい光景に、出席していた父母たちから感嘆のため息が漏れる。笑顔と拍手がユーシンに送られた。私は目頭が熱くなった。

この一年間、いろいろなことがあった。見学会やハロウィーンの行進、誕生日会やパーティー。友だちとの出会いと別れもあった。

言葉のハンディを背負いながらも、風邪をひいたとき以外は休まなかった。続けられたことで、まずワンステップを克服できた。
初めての幼稚園に、SISを選んで本当によかった。

ドット先生に角帽をかぶせてもらう

ドット先生とビッグハグ

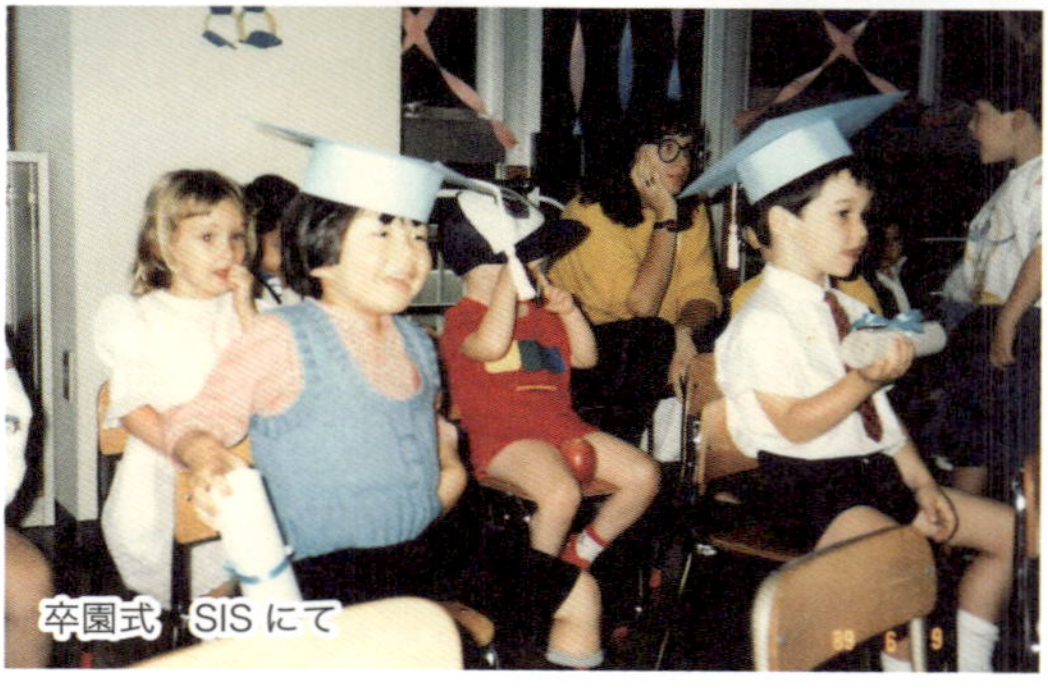
卒園式　SIS にて

Ⅳ 東洋人のインターナショナルスクール（SJIS）

学校の企み

私たちは、ユーシンがＳＩＳを卒園する前に、次のインターナショナルスクールを決めなければならなかった。条件はいろいろある。この先一四年間の通学のこと。「適した環境」にある学校かどうかということなど。

高校まで一貫教育が望ましい、とその時は考えていた。だが、今になって振り返ってみると、そんな先のことを考える必要はなかった。高校に入学するころともなれば、語学力や適応性、自分の意思など、子どもにも力が付いている。

この時期、最優先に重きを置くべき大切な条件は、「ユーシンにもっともふさわしい教育環境」を選ぶことであった。その点を最重要視すべきだったのだ。

その時点で私の頭の中は、「高校まである学校」ということが優先していた。さらに幼稚園の年中（Ｋ４）がある学校を条件にして探していた。「アメリカンスクールインジャパン（ＡＳＩＪ）」と「セントジョセフインターナショナルスクール（ＳＪＩＳ）」を除けば、幼稚園は一年保育のみの学校がほとんどである。

横浜市山手に、インターナショナルスクールは三校ある。その中の二校を、夫と私はユーシンをつれて見学した。

最寄り駅は、元町で有名なＪＲ石川町駅である。近隣に元町公園や山手公園、港の見える丘公園、神奈川近代文学館、外国人墓地などがある。学校は三校みな閑静な場所にあった。

ＳＪＩＳでコーディネーター（入学担当者）とインタビューして学校の説明を聞く。日本語が堪能な中国人女性だった。ユーシンがＳＩＳに通い始めた秋である。

ＳＪＩＳは、創立九〇年の歴史をもつ。そのころの生徒数二二〇名の中規模な学校であった。

近くの「横浜インターナショナルスクール（以下、ＹＩＳ）」も見学する。だが幼稚園が年長（Ｋ５）のみであったため、ここでは断念してＳＪＩＳへ。

ユーシンは後に、最後のインターナショナルスクールの高校生活三年間をＹＩＳで過ごした。日本の学年制度は六・三・三である。インターナショナルスクールの場合、五・三・四、あるいは六・二・四が多い。

「高校でＹＩＳへ行って、本当によかったよ」

後にユーシンは言った。彼はＹＩＳで、水を得た魚のように生き生きとしていた。それまでは幾多の困難があった。苦しい選択もした。

八九年二月、SJISで父母への説明会が開かれる。参加者全員が日本人父母のようだった。言葉の面で、分けて行われたものと信じて疑わなかった。

これが「最初の疑惑」である。この後、さまざまな「学校の企み」が発覚していった。

三月、ユーシンに試験を受けさせる。

コーディネーターと一対一で行われた試験は、彼にとっては簡単なものだった。英語で挨拶して、名前を書いた。果物や動物、乗物、学用品、体の部分の名称、身の回りの品々など、絵カードを見て答える。

試験は無事終わった。

「Why do I change school（ホワイ・ドゥ・アイ・チェンジ・スクール）?」

当然のこと、ユーシンは私に訊ねてくる。

いろいろあったけれども、少しずつ乗り越えてきた。今やSISは、彼にとって大変楽しく、居心地のいい学校である。やっと慣れたところで、「移る」と聞いて、疑問に思えたのは、彼にしてみれば無理もないことだった。

エリックはその年、ユーシンと同じ八九年に、ＳＭＩＳの幼稚園年長（Ｋ５）へ転校する。私はエリックの他、仲よし数人の名前を挙げて、ＳＩＳは幼稚園だけなので、みんなが他の幼稚園や小学校へ移っていくことを説明する。

「アンディとマリサは、もう一年ＳＩＳにいるけど、アンディはカナダへ帰るかもしれない。マリサは聖心へ行くのよ」

納得したのか、ユーシンはその後、一言も触れてこなかった。

三月下旬に入学が決まった。

苦渋の選択　こんなはずでは……

ところが、である。そこには大きな誤算が潜んでいた。そのことが、ユーシンの英語力を大きく後退させ、後々まで尾を引き、彼を苦しめる結果となってしまったのである。

説明会の折も、試験の時も、私が会った父母たちは、みな日本人、もしくは東洋系の人たちである。「まさか？」と思った。しかし、ここは「インターナショナルスクール」なのだから、と一方の私が打ち消す。その「まさか」が的中してしまう。これが「第二の疑惑」だった。

これでは、国際性や国際感覚が育まれる環境ではない。

それどころか、せっかく培ったユーシンの英語も潰されてしまう。

夫と私は途方に暮れる。困った、そして迷った。

後に判明するが、九〇％が日本人であった。残り一〇％が横浜・中華街に住む中国人その他である。

私たち夫婦は、学校を訪問した際、かならず教室を見学させてもらう。ＳＪＩＳでも、それを希望するが、コーディネーターにあっさり拒否される。

「えっ！　どうして見学できないのですか？」

「わが校では、お断りしていますので」

「……」

どの学校でも、よろこんで見学させてもらえるのに……。

これが「第三の疑惑」だった。

この場でもっと追求して、疑問を解消しておけばよかった。

ユーシンが入学する学校で、雰囲気を壊してはいけない、という遠慮が働いてしまう。

さらに願書には、「なぜ、日本の法律に逆らってまで、インターナショナルスクールへ行かせるのか」という趣旨の理由文まで書かされることに。これが「第四の疑惑」となり、怒りは頂点に達した。

日本人は文部省（現、文部科学省）の規定により、国で定めた小学校・中学校へ行くことが義務付けられている。当時の法律では、インターナショナルスクールは、各種学校としての認可しか受けられていないのが実情であった。従って、親たちは全員が、義務教育違反者である。

私たちが提出させられた理由文が、ＳＪＩＳ側のどんな意図によるものなのか定かではない。どのインターナショナルスクールでも、行われていない行為であった。

個々の疑問点をその都度、慎重に解決しておけばよかった、と悔やまれた。

夫と私は、ユーシンをこのままＳＩＳに留まらせるべきだと考える。急いでＳＩＳへ問い合わせる。来期の入園児は、すでに定員を超えていた。

「ウェイティングリストに登録して待ちますか？」

訊くと、一〇数名が待機しているという。

しまった。遅かった。

ＳＩＳに戻れたとしても、一年しかいられない。苦しい決断を迫られる。

ここはひとまず、ＳＪＩＳに送り出してみよう。

ユーシンの英語力の上達は期待できない。低下しないことを祈った。私たちは、最良の着地点を見出せないまま結論を下した。

この判断が、ユーシンをＡＳＩＪの幼稚園へ。ふたたび転校せざるを得ない事態を引き起こしてしまったのである。

もみくちゃ通学体験記

四歳九ヵ月のユーシンは、幼稚園二年目（年中、Ｋ４）をＳＪＩＳへ通うことになった。

自宅から横浜のＳＪＩＳまで二二キロある。車での一日二往復は少々きつい。雨の日以外は電車通学にした。京急とＪＲ根岸線を乗り継いで、学校まで約一時間かかる。

赤ん坊のころから、車で移動することが多かったので、慣れるまで朝がつらかった。しかし、そんなことは言っていられない。家族みんなで朝の一仕事に必死だった。

横浜方面へは下りなので、電車は空いているものと勝手に思い込んでいた。朝の七時半から八時半ごろといえば、どの駅も通勤・通学客で、ホームや階段はごった返している。その人混みのなかに、子どもはスッポリと埋まってしまう。ここで手を離したら――と、ぞっとしたことが幾度かある。

ＳＪＩＳの始業時間は八時一五分。そんな毎日が九ヵ月半続いた。

ＳＩＳなら、車でゆっくり通えたのに――。

ヒデオ君

そんな朝の通学途中で、私たちは、川崎駅から乗ってくる「ヒデオ君」に出会った。その時、彼は高校三年生（一二年生、G12）で、アメリカの大学を目指していた。

彼は柔道とピアノが得意。一人っ子だったが、見るからに健康そうな、体格のいい少年で

ヒデオ君と

ある。柔道とピアノはまったく別のジャンルだが、それには彼のお母さんの深い考えがあった。「スポーツと音楽に国境はない」と。

彼は四歳からピアノを習い始める。夫と私、ユーシンは発表会に招かれた。発表会でヒデオ君は、お母さんと連弾した。二人の力強い演奏と息の合ったコンビネーションに感動する。

その日の彼は、白いワイシャツに紺の蝶ネクタイ姿。カッコよかった。お母さんをエスコートして登場する、いつもと違う大人のヒデオ君がいた。お母さんは、海の底を思わせる濃いブルーのロングドレスがよく似合っている。彼女も体格がよく、やさしい「肝っ玉母さん」のようだ。

「継続は力なり」というが、何事も持続させるには努力、忍耐、そして勇気が要る。信念を貫き通すのは、容易ではない。

彼は、幼稚園年長（K5）で、SJISに入学して高校まで通った。その間一三年、無遅刻、無欠席を貫き首席で卒業した。卒業後、伝統や文化、歴史などをさらに深く求めて日本中を一人旅している。お母さんとヒデオ君の努力と勇気がうかがえる。

九〇年、彼はニューハンプシャー州のボストン大学に入学、四年間学んだ。留学中、地元の高校生に柔道を教える。柔道は今や世界的なスポーツである。彼が選んだアメリカ生活は、地域社会に溶け合い、人々と密着し充実したものだったろう。

留学中、ヒデオ君は夏休みの三ヵ月間を日本の親元で過ごした。わが家にも時どき遊びに来て、ユーシンの英語を見てくれた。卒業後はアップル社に入社する。

二〇一五年のことだ。たまたまユーシンの仕事関係の知人が、ヒデオ君を知っていた。知人がすぐにヒデオ君に電話、ユーシンは、二〇年ぶりに彼と話すことができた。現在、彼はアップル社の日本支社に勤務している。結婚して今は子どもが二人いるという。

弊害　ユーシンの英語が潰される

二年目の幼稚園生活は、ユーシンにとってＳＩＳとは違った、課題を抱えながらのスタートであった。

ＳＪＩＳは幼稚園年中（Ｋ４）から高校三年生（一二年生、Ｇ12）まで、各学年とも一クラスだけである。生徒数は学年によって大差があり、一学年わずか五名のクラスから、二〇名のいずれも小人数だった。

ユーシンが入学した年中（Ｋ４）の園児は二三名で、中国系二人を除けば、すべて日本人である。ＳＪＩＳは前身が男子校であるため、ユーシンのクラスも、男児が圧倒的に多かった。

クラスでの園児たちの日常は、日本語が七、英語が三の割合で使われていた。担任のベティー先生が、クラスで話す以外に英語を耳にする機会はほとんどない。遊び時間とランチタイムは、子どもたちの間で日本語が横行していた。

幼稚園を初めて経験する子どもたちが、クラスの六〇％を占めている。ユーシンの英語力の低下は、私の予想をはるかに超える勢いで進みそうであった。

九月末、ベティー先生は、園児一人ひとりの英語の能力判定をおこなう。その時点で、ほぼ完璧に回答できた園児はユーシン一人で、理解できている園児が数名しかいなかった。

その後、親の面談があり、判定結果をベティー先生から聞く。予知はしていたつもりだったが、谷底へ突き落とされた気持ちになった。

ベティ先生と　SJISにて

やっぱり――。

危機感を拭い去れなかった私は、彼女に訊ねる。

「先生は、これから彼らをどのように指導していくつもりなのですか？」

「子どもは、聴覚がいいので、覚えるのが速いですから」

そうは言っても、場合によっては、ユーシンの英語が完全に潰される。

私はそう覚悟した。

クラスで先生の英語を少し理解できても、話せる園児はほとんどいなかった。授業中、隣席の子どもが日本語で話しかけてくる。向かいの席の子どもたちは、日本語でおしゃべりしている。

さらに追い討ちをかける。男児の間では遊び時間に、乱暴な日本語が使われていた。そんな環境下で、ユーシンの英語を話す意欲が損なわれ、しだいに遠のいていくのが、目に見えてわかった。

母親たちのなかには、英語教室や塾へ通わせたり、放課後、ＳＪＩＳの教師にプライベートレッスンを依頼する親も現れる。子どもが持っている能力の一部を補うくらいの補習が目的なら、それでもいいのかもしれない。だが、相互理解の手段として使いこなせる語学力を充たすには、やはり取り巻く環境を選ぶことが先決で、特に幼児期にはもっとも重要なことである。

私は考えさせられた。これまで私が取り組んできたことは、いったい何だったのか。この先どうなってしまうのか。

こうではない。これではないのだ。

朝昼の送迎で、SJISの現状に直面するたび、焦りが募るばかりであった。

せっかく咲き始めようとしていた蕾を、開花させずに摘んでしまったことへの後悔。母親である私の不手際で、落ち着かない幼稚園生活を強いる結果になった。

ユーシン自身は、何が何だかわからないまま、現状を受け入れている。彼に申し訳なかった。

学校選びのノウハウ　私たちの体験

私は、都内と横浜市内にあるインターナショナルスクール（以下、IS）合わせて一二校を、まず資料を取り寄せて検討した。そのうちの五校を、夫と私は、ユーシンをつれて見学する。

どの学校でも、入学担当のコーディネーターから、詳しく説明を受けることを心がける。見学は大切だ。表面上でも見ればおおよその見当がつく。私は常に、それを夫と二人、四つの目で確かめた。各々の学校の持つ顔というか、雰囲気がある。何か伝わってくるものがあるはずだ。

ＩＳは、学校によって千差万別である。行政の適用や規制を受けない学校運営が、学校を豊かで個性的なものにしているのかもしれない。

一部、イギリス制度を採用した学校があるが、多くはアメリカの教育制度を採用している。そのうえで、各々の学校には、独自の教育理念の下、独自の教育方針と体制が敷かれている。

ＩＳは学校により、規模や内容がさまざまである。私たちが訪れた学校のなかでも、生徒数が二〇名以下もあれば、ＡＳＩＪのように一〇〇〇名を超すものもある。

入園前の日本人幼児だけを集め、彼らの英語力を付けることが目的の、一日わずか二時間の幼稚園があった。気持ちはわからなくもないが、これでは幼稚園とは呼べない。英語教室である。

学校によっては、日本人生徒が半数以上を占める年度がある。そんな時は、当然、彼らの日本語に規制が加えられる。相手が日本人なら、自然に日本語を話してしまう。子どもたちにしても不都合な結果となる。

学校を何校か見学して、比較検討の材料にすることが大切だ。どの学校にもかならず特色がある。教育方針が異なるため、学習現場でのカリキュラムもまちまちである。

ＩＳの基本は、常に学校での毎日の学習に重点がおかれている。塾などで補うことは禁止ではないが、必要ないというのが根本にあった。

幼稚園は小学校へ上がるため。小学校は中学校へ。中学は高校へ。高校は大学へ、それぞれ進学する目的で勉強する場だと、生徒たちは教えられる。従って、授業内容が理解できなかったり、成績があまりに悪かったりすると、日本の学校には滅多にない、留年があり落第もある。小学校高学年からである。

幼稚園学習の時点で、すでに宿題が出され、小学校一年で勉強する内容の半分程度を終わらせる「英才教育的」なもの。一方、あくまでも小学校へ進級するための準備が念頭で、遊びが中心のゆるやかな内容の「幼児教室的」なものである。

ユーシンがまもなく三歳になろうとするころ、私は、ＡＳＩＪ目黒キャンパスへ問い合わせた。そこには二歳半から入園できる保育園がある。

その時、ユーシンを入れようとしたクラスは、すでにいっぱいだった。それに、入園前の保育経験も必要だと言われる。

「えっ⁉」と私。二歳半でも早いと思っていたのに――。

これは幼稚園の場合に言えることだが、人気の高い園へは生徒が集中する。かなり余裕をもって準備しておく必要がある。希望してもすぐに入れず、「ウェイティングリスト」に登録して待つことになるからだ。

子どもが幼ければ幼いほど、学校選択の基準は、親の教育観によって決まる。子どもに「ＩＳでなにを学ばせたいか」それ次第で、理想にぴったりと一致した学校に巡り合うことは可能である。

私の失敗

ユーシンがＳＪＩＳに入学してまもない一月半ば、早くも私は、ＩＳ二校へ願書を提出、転校の準備に取りかかった。入学試験は二月と四月に決まる。幼稚園三年目（年長、Ｋ５）であれば当然のこと、ユーシンの英語能力が問われる。

クラスでは、担任のベティー先生とアシスタントが指導に当たっている。園児たちが英語を必要とするのは、先生と話す時だけだ。それ以外の時、子ども同士が交わす言葉は、ほとんどが日本語であった。

ベティー先生の話では、子どもの性格によって、必要がない限り英語を話さずに、一日が終わるケースもあるという。

ＩＳでは、母親たちが交代で、ボランティアとしてクラスを手伝うことがある。実際に私も経験したが、ここＳＪＩＳで、相手が日本人で、日本語を話すと知れば、日本語になるのはごく自然なことだ。その点では、ユーシンも同じであった。彼は、自分から積極的に先生と話すタイプではない。

何事においても共通して言えることだが、「学ぶ」とは、「真似る」ことなのだ。より多くの英語を聞いて、それを「真似る」ことから始まる。言葉の場合、置かれた環境によって、大きく左右され、影響される。

あと四ヵ月だ。再度の入試に備えて、私は、ユーシンにできるだけ英語で語りかける。絵本をたくさん読んで聞かせる。そして彼にも読ませた。そのころには洋書絵本も二〇〇冊を超える。最終的に洋書は三〇〇冊になっていた。

テープも聴かせる。ユーシンが興味をもっていたビデオを多く見せる。「忍者タートルズ」やディズニーの「チップ＆デール」など。セサミストリートは録画して、繰り返し見せた。できるだけ英語づけにすることを心がける。

私は、時期をみて、ユーシンに話さなければならなかった。ＳＪＩＳで高校まで行くと信じているだろう彼に、学校を替わることを。

ユーシンの教育について、常に夫と相談して決めてきたことではあるが、必ずしも考えがいつも一致している訳ではなかった。学校は、最早ユーシンの生活の大部分になっている。よりふさわしい環境を求めての転校であっても、こうもたびたび生活環境が変化するのは、ユーシンにとって得策ではない、というのが、夫の見解であった。

「そうかもしれない。でも、このままSＪＩＳに残ったら、この先もっと後悔する」

私は、夫の意見に反対した。

二〇〇〇年五月、ＳＪＩＳは、創立一〇〇年を目前に閉校する。

七五三　深川不動尊にて

卒園式　SJIS にて

5歳の誕生日会　自宅にて
左からエリック、リュー、ユーシン、アンディ

校長先生と　SJIS にて

左からエリック、ユーシン、アンディ

気に入られなくて、不合格

再度の転校に、ユーシンを納得させ、彼の理解と協力を得たいものと、勝手かもしれないが、私は考えていた。

幸いにも、二校のうちの一校ＳＭＩＳへは、ＳＩＳ時代の親友エリックと友だち数人が、去年から行っている。そして、いっしょに受験する親しい友だちもいた。そのことは、ユーシンと私にとって救いであった。また、彼らの母親からの情報が大変参考になった。

ＳＪＩＳに転校したばかりのころ、ＳＩＳを恋しがっていたユーシンも、ようやくＳＪＩＳでの生活に慣れて友だちもできた。電車通学も軌道に乗ったころである。待っていた試験の通知が届いた。

ＳＪＩＳもＳＭＩＳもカソリック系のＩＳである。ＳＭＩＳでは、幼稚園部門の責任者のシスターが、すべて個人面接方式で試験をおこなう。聞いた話では、インタビューの間、シスターと楽しく遊べなかった子どもは、全員落ちたらしい。なかには泣き出した子どももまでいたという。

二月中旬の寒い日だった。夫と私は、なんとなく元気のないユーシンをつれて、ＳＭＩＳ

へ向かった。

その日の面接は、ユーシンだけだったようである。案内されて教室へ。他にもシスターの噂を聞いていた夫と私は、その途端「もう、ダメだ！」と観念する。太ったシスターが、厳しい表情で、私たちを待ち構えていた。

ユーシンは、その場をなんとか一人でもち堪えた。終わった時、彼は今にも泣き出しそうな顔をして教室から出てきた。

「子ども自身が、楽しいと思って行く学校でなければ、意味がない」

夫の意見に従い、私も、ＳＭＩＳのことは諦めた。その後しばらくして、ユーシンは私に言った。

「あの学校のことは二度と言わないで」

二年後、幼稚園の責任者、シスターはＳＭＩＳを去った。

三船敏郎さん（往年の大スター）

ＳＪＩＳには、正面の表玄関の他に、幼稚園と低学年の教室に近い裏玄関がある。迎えのお母さんたちは、その辺りのグラウンドやカフェテリアで、おしゃべりしながら待つことが多かった。

Ⅳ　東洋人のインターナショナルスクール（SJIS）

二月下旬、どんよりと垂れ込めた空から、今にも白いものがちらちら降ってきそうな寒い日である。車を表玄関の脇に駐車、裏へ回って玄関のガラス戸を開けた。黒いジャケットを着た年配の男性が、寒そうに身をかがめて立っている。

「こんにちは。寒いですねぇ、今日は」

と私。男性は、低い小声で応える。

「そうですねぇ……」

少し頭をもたげ、私を見た顔ですぐにわかった。

「三船さんじゃありませんか？」

「ええ……」

やはり低い声で、そうだという表情を見せてうなずく。娘の美佳さんを迎えにきたところだった。時どき、奥さんで元女優の北川美佳さんが迎えにきている。娘の美佳さんは当時小学一年生（G1）で、ユーシンより二歳上だった。

「私は以前、テレビ朝日の邦画部にいて、成城の「三船プロ」さんへ伺ったことがあるんですよ」

「そうだったんですか？」

彼の顔がほころんで、やわらかくなってくる。

一九七〇年一月から翌年七月まで、私は一年半の契約社員として、当時の日本教育テレビ(現在のテレビ朝日)の邦画部に勤務していた。

プロデューサーの助手や京都・太秦の東映撮影所への出張の手配と仮払いの精算処理。スポンサーを招き試写会を開く試写室の準備。映画会社やプロダクションのプロデューサーや俳優など、来客用のコーヒーの出前を喫茶室に頼む。俳優が入院した時のお見舞いの手配。事務など。それらが私の仕事であった。服飾デザイナーだった私が、注文服から既製服へと方針を転換した間である。

邦画部では、そのころ「遠山の金さん」や「鬼平犯科帳」「大岡越前」「人形佐七捕物帳」などの時代劇。アニメの「秘密のアッコちゃん」と「魔法使いサリー」。アクション映画では、野際陽子さんの「キイハンター」と小林旭さんの「ターゲットメン」が制作されていた。三船敏郎さんの作品は、「荒野の素浪人」と「大忠臣蔵」であった。

当時の作品は局制作ではなく、東映、東宝など映画会社や、制作プロダクションで作られるものが多かった。「三船プロ」もその一つである。

黒沢明監督の映画や他の作品中の役柄から受ける三船さんの印象は、野武士的で荒々しく、気性の激しい男性像を想像させる。だが実際の彼は、スタッフら皆に親切で、気配りができてやさしく、そして素朴な人柄の持ち主であった。

一五分ぐらいだったが、三船さんと私は、当時の番組の話題で盛り上がる。

ＳＪＩＳには当時、歌手、アン・ルイスさんの息子、ミュージ君も小学校に通っていた。

三年間に幼稚園を三回転校

ＳＭＩＳと同時ごろに願書を提出していた、もう一校ＡＳＩＪに関しては、その年度の外国人の生徒数によって決まるという。場合によって、日本人は入学できない可能性があった。試験は二ヵ月先、四月の予定である。

さて、どうしたものか――。

私は頭を痛めた。

そんな矢先である。友人から朗報が入った。これがＡＳＩＪと私たちとの出会いであった。早速、目黒と調布キャンパスへ問い合わせて、調布にはまだ空きがあることを知った。数日後、願書とともに提出書類が、どっさりと送られてきた。私は、必要事項を記入、再度ＡＳＩＪへ願書を送付する。四月初めのことである。

ＡＳＩＪについては、一九八三年に『ユニークな教育を実践する　アメリカンスクールインジャパン』という本が出版されている。八七年、私はその本を読んだ。創立は一九〇二年、「外国人のための東京スクール」と命名して、東京・神田のＹＭＣＡで、生徒五〇人を集めて始められた。

一九二〇年、校名を現在の「アメリカンスクールインジャパン　略称ＡＳＩＪ」に変更。二七年、目黒に移転。さらに広いキャンパスを求めて、六三年、調布市の郊外へ。その時の生徒数九〇〇名、国籍三〇ヵ国、教師六〇名で始まった。六九年には生徒数が一〇〇〇名に達する大規模校へ。

四月下旬、ユーシンの試験と面接の日がやってきた。夫と私、ユーシンは、揃ってその日、初めてＡＳＩＪの調布キャンパスを訪れる。

武蔵野の面影を残す、一万五〇〇〇坪の広大なキャンパスに体育館、室内プール、小劇場、コンサートホール、多目的教室、図書館、医務室などが。また二階建てで扇形の斬新な高校生用校舎、円形で一階建ての小・中学生用校舎、幼稚園などが建つ。生徒たちがランチを取ったり、くつろいだり、父母たちも自由に使えるカフェテラスも、ゆったりとしたスペースで開放感にあふれている。

この日、ユーシンの試験を担当したのは、カウンセラーのクライン博士である。彼は、私たち親子にとても好意的であった。それが何よりも、ユーシンの緊張をほぐし、安心感を与えてくれたのだった。

ユーシンは一人で彼の部屋へ入っていった。彼とゲームをしたり、絵本を読んだり、好きなことや日常生活のことをいろいろ話したらしい。ユーシンの英語能力や適応性が判定された。四〇分ほど部屋から出てこなかった。出てきた時はホッとする。ユーシンは幾分、疲れているようだが、顔には笑みを浮かべている。どうやら楽しく過ごせたようだ。

その後、私たちが彼のインタビューを受けた。私たちの学歴、夫の職業、なぜ、ＡＳＩＪを選んだか？　息子をどんな人間に育てたいか？　など。

私は、既刊の『アメリカンスクールインジャパン』を読んだ感想を伝え、ＡＳＩＪの教育理念が、私たちの描く理想的な学校に近いと判断した旨を告げる。息子には、感謝の気持ちを忘れない、温かい人間になってほしいと。また、私たちがもっとも重要視している、国際感覚が育まれる環境下で、視野の広い人間に育てたい、などＳＩＳの面談で述べたと同じ趣旨の私たちの想いを、彼に伝える。ただ、ＡＳＩＪがあまりにも遠いという難点があった。そのことを心配に思っていると話す。

「子どもの成長は速い。あっという間にたくましくなるからだいじょうぶ」

「だといいですね。それを期待しましょう」

最後にそんなことを話して、クライン博士と別れた。

部屋を出ると、次の親子づれが待っていた。私たちの面談だけで、かれこれ二時間半くらい掛かって終わる。

クライン博士から直接、朗報を受けたのは翌日であった。

幾多の変遷をたどったユーシンは、晴れてＡＳＩＪの生徒の一員となった。

キャンパスが広く、教育環境も悪くない。だが、自宅から三〇キロはどう考えても遠い。スクールバスを使うにしても、通学に時間が掛かり過ぎる。毎日のことで体力を消耗するだろう。私はその点が、どうしても心配だった。ユーシンはその時、五歳の幼稚園児である。先立つ不安を抱えての出発を覚悟しなければならなかった。

面接を終えて　ASIJにて

V

アメリカンスクールインジャパン（ASIJ）

スクールバス　車内は子どもの社交場

ＡＳＩＪは、都心から約三〇キロ離れた調布市にある。生徒たちの半数以上が、都心または二三区内に住んでいる。通学にかなりの時間を費やす。

スクールバスは全部で一六台ある。全生徒一四三〇名の約半数七三三名（一九九二年一月現在）が利用していた。一台のバスに園児から高校生まで、約五〇人が乗っている。バスは父母たちも自由に利用できた。

当時ユーシンは五歳九ヵ月。大型バスのステップを手すりにつかまり、やっと上がれる状態であった。入学して一ヵ月あまり、私は下校時間に合わせて学校へ行き、スクールバスでいっしょに下校した。途中で渋滞に遭遇すると、調布から品川まで二時間近くかかることがある。大型バスの後部座席で長時間、揺られていると気分が悪くなる。彼は、私が下校時だけ迎えに行くことで、安心したようだった。

午前八時半から午後三時まで、六時間半のスクールライフから開放され、各教室から生徒たちがどっとバス乗り場へ集まってくる。たちまち車内は、子どもたちの社交場となる。

その日の出来事を興奮気味に話す子ども。隣のバスに乗っている友だちと声を掛け合っている子どもたち。飲み物は禁止だが、スナックは許されていた。早速、食べ始める子ども。「食べる?」と言って、分け合っている子どももいる。彼らのかん高い声が車内に響き渡る。

アメリカ人は一般に誰とでもすぐに親しくなる。ＡＳＩＪにもそんな子どもたちが大勢いる。毎日、同じバスで通学するうちに連帯感が生まれるのだろう。ユーシンもすぐにバスの友だちができた。

各スクールバスには、「モニター」と呼ばれる高校生の監視役が、かならず一人ずつ乗車している。毎日バスが目的地まで安全に運行されるよう、車内での子どもたちの指導と世話をしている。違反者は、所属する学部（この場合、小・中・高等学部のこと）の校長までリポートされる。それが三回に及ぶと、その生徒はバスが利用できなくなる。

登下校の電車内、駅、スクールバス内においても、守らねばならなかった。学校外で起こした規則違反に対しても当然、学校内と同じ罰則が適用される。母国以外の国で生活する外国人として、失ってはならない見識と誇りを保持するためであるという。

ハロウィン　仮装行列　ASIJにて
ユーシン（左端）

幼稚園年長（K5）　スポーツデー　中央がユーシン

ゲーム　ハロウィンパーティーで

1年生の時フリーチョイスの時間に作った
こいのぼりとお面

授業風景　ASIJにて

遠足　ゲンと　多摩動物園にて

休み時間　右から3人目がユーシン

ソーシャルスタディー
右から2人目がゲン、そのとなりがユーシン

趣味いろいろ　夫とゴルフ　勝浦にて

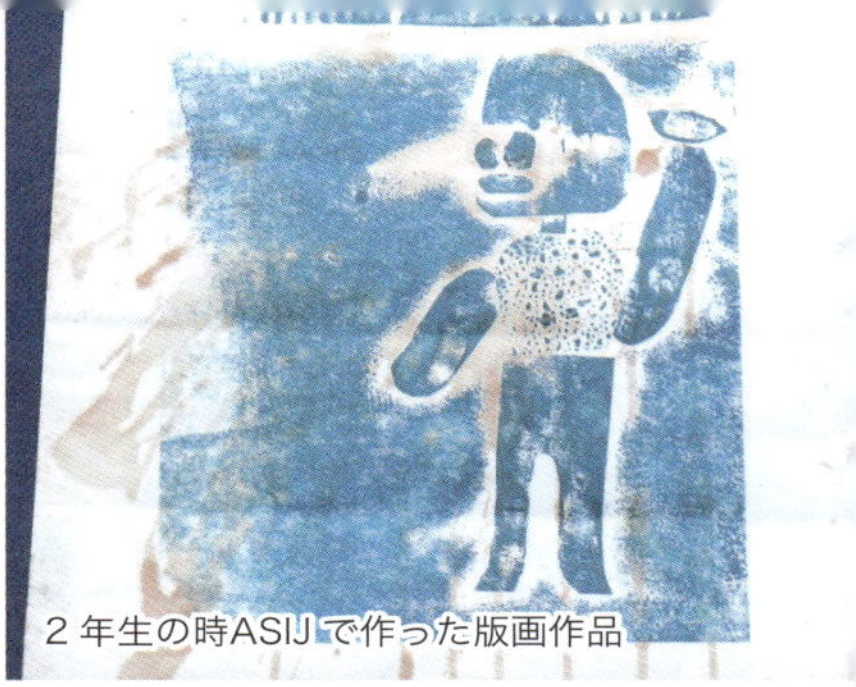
2年生の時ASIJで作った版画作品

夫にゴルフを教わる　自宅にて

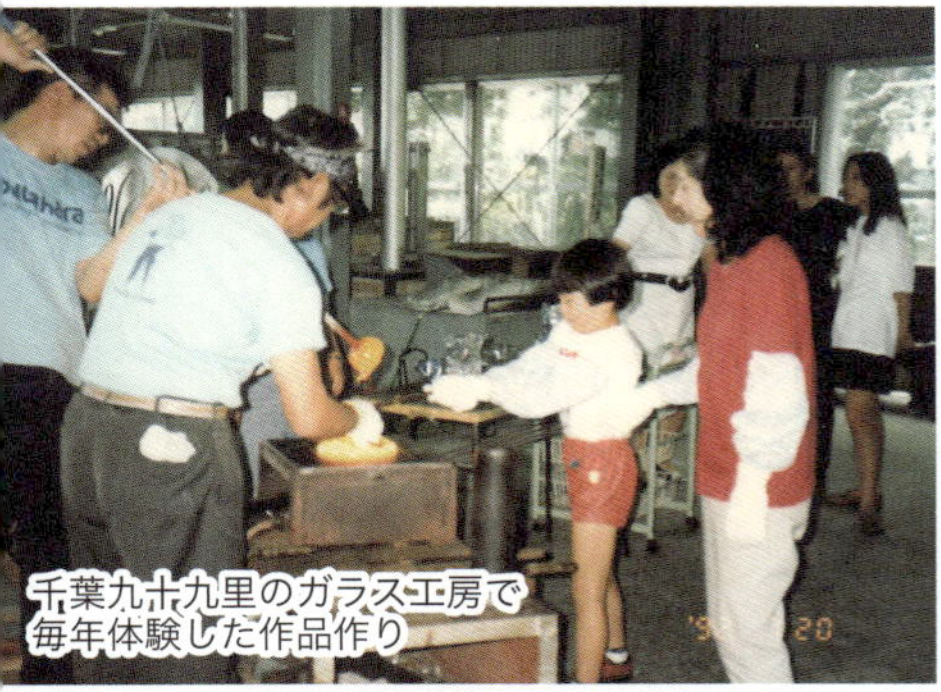
千葉九十九里のガラス工房で
毎年体験した作品作り

スポーツの授業風景

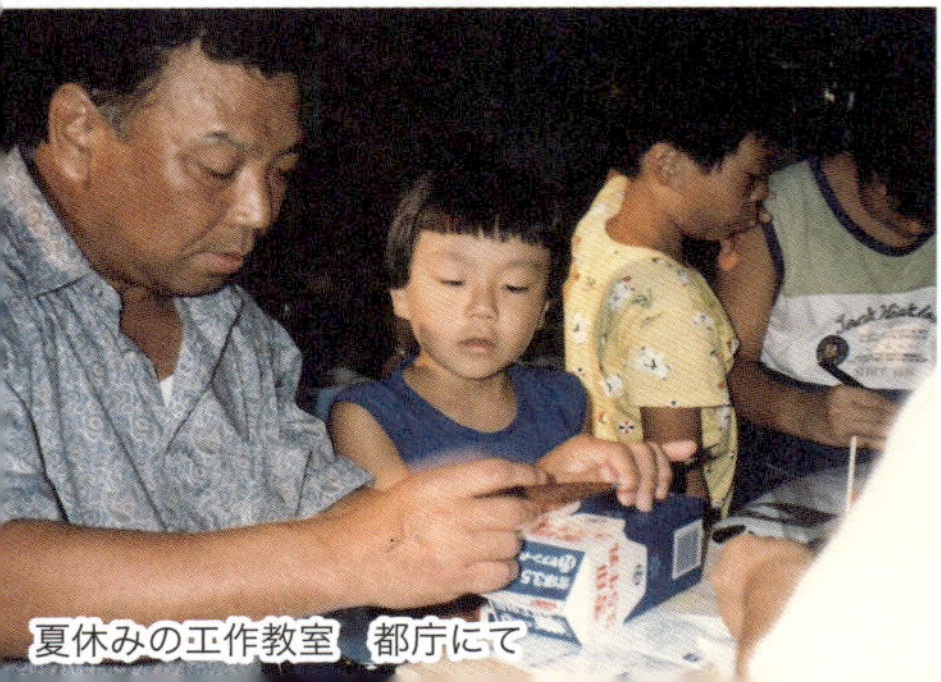
夏休みの工作教室　都庁にて

ゆきだるま作りに挑戦　千葉の庭にて

心臓破りの通学ラッシュ

「さー、起きて、朝ごはんよ！」

ＡＳＩＪの朝は早い。私は、毎朝五時四五分にユーシンを起こす。彼は五歳。まだ眠そうな目をこすりながら、やっと起きてくる。そしてダイニングで、のどを通らないであろう朝食を口へ運ぶ。

週五日、月曜日から金曜日まで、ＡＳＩＪのスクールバスに乗せるため、品川駅近くのバス停へと車を走らせる。たまにバスの出発時刻に間に合わないことがあったりする。

私は、毎朝五時一〇分に起床、ユーシンのお弁当を作り、彼に朝食を食べさせ、車に乗せて品川へ。私とユーシンの起床時間、彼の朝食時間、途中の道路の渋滞など、些細な時間のロスでスクールバスに乗り遅れてしまう。私は、バスを追いかけて学校へ。調布インターチェンジで、高速道路を降りるスクールバスに拾ってもらったこともある。学校まで一時間半の道のりを、私が車で送って行くこともあった。

その後は、自宅からバス停までの距離を少しでも短縮しようと、目黒駅近くや目黒通りへとルートを変更する。学校へ送って行くのは容易だが、時間がくれば発車するバス停への送迎は困難を要した。

その後、転校した世田谷区瀬田にあるＳＭＩＳと、高校の三年間を過ごした横浜市山手のＹＩＳへは、電車通学となり、時間との闘いだったスクールバスと、車通学にピリオドを打つことができた。

やっと軌道に

九月、ＡＳＩＪの幼稚園の年長（Ｋ５）に落ち着くまで、ユーシンは過去三回、幼稚園を替えている。ＳＪＩＳと比べ、園での生活環境がガラリと変化した。

ＡＳＩＪの幼稚園は、一クラス二〇名で二クラスある。ユーシンが入ったミセス・ヒューバーのクラスには、一七ヵ国の異なった国籍の園児たちがいた。やがて、いろいろな国の子どもたちと親しくなり友だちができた。元来、元気でスポーツ好き、アート好き、本好きな彼である。

スポーツ好きと言えば、ユーシンはやっと歩き始めた一歳ごろから、当時九歳だった次女と、彼女が通う小学校の校庭で、大きなサッカーボールを抱えては転がしながら遊んでいた。後に地元のクラブチームの小学生向けサッカー教室に所属する。

二歳近くになり、軽くて太いおもちゃのバットを握らせ、ふわふわのボールを打たせて野球の真似事をする。「読み方ゲーム」の合間に、この野球ゲームを楽しんだ。夫の関係で後楽園や神宮球場のネット裏のチケットが手に入る。野球に興味をもつユーシンをつれて家族で観戦に出かけた。

夫の会社の保養所が長野県蓼科にある。そこから数キロ離れた、ルピナスの丘にある「2in1スキー場」へ。五歳になったばかりの冬からはスキーを始める。ISの冬休みは日本の学校より早く始まる。クリスマス休暇があるからだ。その時期のスキー場はまだ空いている。スキー教室が毎年、ユーシンだけのプライベートレッスンになった。私は初心者コースで一人のんびりと。

スキー場はいつもガラガラで、初冬の空気が清々しい。たまにしかスキーをしない夫は、ユーシンの様子や雪景色をカメラに収めたりしている。また、周囲が一望できる総ガラス張りのレストランで、自由にくつろいで待っている。

ISには二月半ばにミッドウインターホリデイがある。その時と冬休みに、私たちはス

初めてのスキー　スキースクールで

2in1 スキー場にて

スキースクール　2in1 スキー場

剣道教室
毎年開催される剣道大会

キーに出かけた。

ユーシンが後に転校したSMISは、スポーツが盛んで毎年、嬬恋高原でスキー合宿が開かれる。シーズン毎にサッカー、野球、陸上、水泳、バスケットボールなどの早朝練習があり、忙しいなかで生徒たちは励んでいた。また、他のISとの交流が頻繁に行われ、親善スポーツ大会が開催された。

ASIJで年長（K5）から水泳が始まった。小学二年生（G2）からユーシンは近くの水泳教室へ通う。祖父は遠泳が得意だった。私は夏になると、小学校時代を過ごした出雲市の山あいを流れる大呂川で泳いだ。せいぜい犬かきくらいしかできない。水泳は全身運動だ。ユーシンには早期から始めさせたいと思っていた。

二年生(G2)の時、大田区主催の小学生から大人までの剣道教室が、大森西区民センターで開講されることになった。小学生は二年生からだったので、ちょうどよかった。早速、申し込む。

週一回の練習と年に一度の大会が開催された。頭に手ぬぐいを巻き、面をかぶって後ろ手に紐を結ぶ。見ずに結ばねばならなかった。最初はできなくて、子どもたちは何度も練習する。週一回の練習によろこんで汗を流した。

子どもの部を母親たちが運営していたので、会合も多かった。ある日、同じ学年のお母さんから声をかけられる。

「伊藤さん、わたし、あなたのことを憶えていますよ」

「えーっ、そうなの？　どこで？」

私たちは同じ病院で出産、彼女の息子はユーシンの一日後に生まれたという。

こんなこともあるんだ——。と、私はその偶然をうれしく思った。

彼女は教育熱心で、区立小学校だが息子を越境入学させている。ご主人は長野県で単身赴任していた。私たちは親しくなって、彼らはわが家へ遊びに来た。

誕生日が一日違いの友だちや、友人たちができて仲よくなった。

年に一度の剣道大会で、五年生（G5）の時に準優勝した。中学生になると、日本の学校では部活が盛んになる。勉強や塾で忙しくなる。中学進学を機に友人たちが去っていった。私はこのまま続け、せめて「初段」をと願ったが、ユーシンも止めてしまう。その後、ユーシンの口から剣道の話がたびたび出る。ヒデオ君が柔道を続けたように、ユーシンも剣道を再開してほしいと。それに至らないのを残念に思っている。

ＡＳＩＪの環境にもしだいに慣れ、ユーシンは毎日を楽しく過ごせるようになっていく。

子どもの総合的発達を目指す

ここでの幼稚園の教育目標は、視聴覚に関する訓練ばかりでなく、園児たちの社会的、情緒的、肉体的、そして知的な発達を図ることにあった。いわば子どもたちの総合的発達を目指していた。

日本の小学校や幼稚園では、担任教師が兼務している体育、美術、音楽などでは、それぞれ専門教師が子どもたちを指導する。一一月から水泳の指導も始まった。

またASIJでは、子どもたちの読書の習慣に力が入れられている。ユーシンも幼稚園のうちから毎週、自分の好きな本を図書館から借りてきた。

「What does it mean?」

わからない語彙に接すると私に質問した。

親に対しては、家庭での読書の習慣の重要性が指導された。強制ではないが、内容を把握しておくことを要求される。父母たちの関心が高まれば、子どもの興味へと繋がる。子どもの持っている潜在能力が最大限に発揮されるのだ。

前にも書いたが、ＩＳの幼稚園の基本的な目標は、スムーズな小学校入学である。ＡＳＩＪでは、学習が盛りだくさんではあるが、遊び時間を多く取り入れた、比較的自由な時間配分であった。

子どもの学習の程度は、年四回の成績表で通知される。そのうち二回は担任との面談があり、親は子どもの能力を詳しく把握できる仕組みになっていた。前に行っていた幼稚園、ＳＩＳとＳＪＩＳにも成績表があった。それらは転校する際の重要な資料となる。

一九八八年六月に始まり、卒園まで丸三年間、ユーシンの幼稚園生活が無事に終わりを迎えた。一九九一年六月である。九月からは、いよいよＡＳＩＪ小学部一年生（Ｇ１）になる。

大規模学校の一年生

ユーシンら調布キャンパスの園児四〇名が、小学部一年生（Ｇ１）に進学した。他に、目黒キャンパスと外部からの生徒三六名が加わり、今年度の一年生（Ｇ１）は七六名、彼らの国籍は二一ヵ国である。一クラス一九名で四クラス編成となる。

ＩＳはどこも入園式や入学式はない。ＡＳＩＪ入園時に、担任になるミセス・ヒューバーからユーシン宛に、前もって手紙が届いた。

小学部の場合、子どもたちは、校舎入口の掲示板で自分の名前を見つける。幼稚園年長（K5）の時の友だち「ゲン」とはクラスが別になった。

毎年この場所は、低学年の親子づれで混雑する。むし暑い夏は、まだ終わりそうになかった。残暑の強い日差しが肌を照りつける。

ユーシンは新担任、ミセス・ウメサキの待つ教室へ。それぞれの教室で新しい先生、新しいクラスメートたちと顔見せをする。そして、翌日から始まる通常授業の準備などを済ませる。

その間、父母たちは小劇場で、校長の年頭の挨拶を聞く。

「本校の意義は、生徒が大学へと学問を続けるのに必要な授業をおこなう。日本に籍を置くアメリカンスクールであるという独自性がある。この国際的な環境を活用し、豊かな国際感覚を養うと同時に、生活様式の違いを許容する素養を身につけることが大切だ。また本校は、個人の価値観の相違や独自性の上に立った教育課程を組んでいる。これは教育的に非常に重要である」との話があった。

今年度、全生徒数は一三〇〇名を超えた。生徒たちの国籍は三一カ国となる。

初日の日程は一一時一五分に終了。バス利用者は親子ともども、一一時半にＡＳＩＪを出発するバスで帰宅する。

ユーシンのクラスに、日本人は彼の他に目黒キャンパスから来た男の子「カオル」が一人いるだけだった。ユーシンにとって、少し厳しい環境となり心配したが、やがてカオルと友だちになり、ホッとする。彼は一人っ子で、おとなしかったが、なかなかしっかりした少年である。

ユニークな教育システム

小学部一年生（G1）になったからといって、急に学習内容が高度になることはなかった。幼稚園で勉強したことが、しっかりと身についていれば問題はない。新たに日本語、社会科、コンピューターワークが導入され、定期的にテストが実施される。

スポーツでは、幼稚園年長（K5）から始まった水泳の他に、サッカー、野球、バレーボールなどの団体競技が加わる。

ASIJの教育方針は、「生徒一人ひとりの個性と能力に合わせた指導をおこない、学習の進歩、知性の発達、文化交流の体験、社会性の発達を促すことにある」と謳われている。これらの目標を達成するため、授業の進め方に「モジュールシステム」という独特の方法を採用していた。

「モジュールシステム」には、二つの基本がある。一つはグループ別と個別指導、もう一つは自習である。

学習内容により、大グループでおこなう時と、クラスを五人程度の小グループに分けて、個々の生徒に合わせた指導法でおこなう時がある。

小グループは、生徒一人ひとりが、積極的な姿勢で参加できるよう配慮され、意図的に編成されたものであった。こうすることによって、生徒は、自らの学習を掘り下げることができる。一方、教師は生徒と常時、対話をもつことが可能となり、授業に柔軟性が生まれる。生徒と教師間のコミュニケーションを緊密にする時間でもある。

教師と生徒の関係の基本は、教師主導型であるが、社会科では、生徒の議論を促す形式が用いられる。

小グループの授業では、中・高等学部の生徒が手伝うことがあり、親がボランティアとして要請されることもある。カオルのお母さんとは、このボランティアをいっしょにした。子どもたちと同様に、私たち親同士も親しくなり、休日にランチを持って、多摩川や世田谷の砧公園へ出かけた。

「モジュールシステム」のもう一つの基本に、「フリーチョイス」という「自習」の時間が設けられている。各生徒に個別の学習環境を与え、一定の時間に、各自が責任をもって、有効に活用するのが目的だ。

ユーシンの場合、大好きな絵を描いたり、工作した作品を持って帰ってきた。五月にはかわいい鯉のぼりを作る。またコンピューターを使って作文を書いたり、時計の見方を練習したり、図書館で本を借りてきて読んだり、友だちとゲームを楽しんだりした。

これらが果たして、有効に使われているかどうかの判断は難しい。子どもたちにとって「フリーチョイス」は、彼ら自身の興味あることに利用されてこそ有効であり、有意義な学習法といえるのかもしれない。

「モジュールシステム」とは、生徒一人ひとりに合わせた教育方法なのである。

英語で考える訓練

前にも述べたが、ＡＳＩＪでは生徒たちの読書指導に力が注がれている。また、書くことにおいても重点が置かれていた。英語の授業のなかに組み込まれている「作文の創作指導」

がそれである。

小学部二年生（G2）になり、英語を母国語としない生徒たちも、話せることが前提の「創作文」を自分で考え、作文する訓練をさせられる。これは英語で考える訓練にも繋がった。

ノートにいろいろなテーマで創作文を書いていく。例えば、本、夢、動物、兄弟（姉妹）、友だち、ゲーム、天気など。また、おもしろいテーマでは「スモーキング」についての意見を書いている。

「ボクのお父さんはタバコを吸わない。不健康だから。もしだれか吸えば、空気と部屋が汚れる。ボクの家族はだれも吸わない。レストランへ行った時、隣の席の客が吸っていたら、気分が悪くなる。ボクはタバコが嫌いだ」

おもちゃがテーマの時、ユーシンはこんなことを書いている。

「ボクは、家族でファミリーレストランへ行くのが好きだ。いつもステーキを注文する。あるレストランにはおもちゃが置いてある。ボクのお母さんはレストランでおもちゃを買わない」

フリートピックで書かされることもあった。

彼は、一月から水泳教室へ行き始めたことを書いている。今は背泳ぎを習っている。自分のクラスに生徒が八人いる。みんなと友だちになり楽しんでいると。そして、毎週金曜日に剣道を習っていることも書いた。

自分の名前の由来がテーマになる。彼は、私が話して聞かせたことを忠実に再現して記していたのに驚く。

「ボクの名前は、曽おばあさんに付けてもらった。彼女が若いころのこと、友だちの息子で、戦争から無事に帰ってきた一人の幸運な子どもがいた。二人の兄たちは戦争で亡くなった。その幸運な息子の名前が「ゆうしん」。曽おばあさんは、ボクの幸せを願って名付けた。ボクが一歳の時、彼女は八三歳で亡くなった」

新年のジャーナルには、お正月料理の縁起物について、鯛、エビ、レンコン、昆布、豆などそれぞれの言い伝えを書いている。

よくできていれば、先生から「Ｇｏｏｄ　ｓｔｏｒｙ」や「Ｇｒｅａｔ　ｗｒｉｔｉｎｇ」などと記した返事をもらい褒められる。

小学部三年生（Ｇ３）では、読後の感想文「ブックリポート」が課題になる。本のタイトル、著者、概要または何についての本、意見、感想を一ページ以内に納めて書く。

ユーシン・ジャーナル

クラスでは担任のミセス・デムラから、各生徒に名前入りの日記帳が与えられた。「Yushin Journal」である。

一二月一二日はユーシンの誕生日だ。これまでの誕生日会は自宅で開いていた。その年は、クラスメート六人を招いて、ボウリングゲームで遊び、そのあとでパーティーを開いた。みんなでボウリングを楽しんだこと。友だちの一人が上手だったこと。たくさんプレゼントをもらったこと。ケーキの上の八本のキャンドルを吹き消したこと。今日で八歳になったと結ばれていた。

私たちは千葉にある家へもよく出かける。

「ボクは五日間、千葉の家で家族と過ごした。そこにコンピューターゲームがある。新しいソフト「ロックマン5」で遊んだ。お父さんと庭でゴルフをしたり、両親とスーパーボールやフリスビーをしたりして、楽しかった。おもちゃのモンスターをいくつか庭に並べて写真を撮った。その後、海を見に出かけた。そこで凧揚げやテニスをしている人たちを見た。前年のお正月、ボクもビーチで初めて凧揚げをした。近所の神社へお参りした。千葉はおもしろかった。でもコンピューターで遊びたいので、早く東京へ帰りたい」

また、私と観に行った映画「ゴジラ対モスラ」を一ページ半にわたり詳しく記している。

「大きな島に棲んでいたモスラが、ある日、日本人を発見、日本へ運ぶ途中、ゴジラに見つかってしまった。ゴジラは悪いモンスター、モスラはいいモンスター。ゴジラが横浜を攻撃した時、モスラは日本を救い、平和になった」

ボーリング場で誕生日会

白里海岸で凧揚げ

大網白里市の稲生《いなお》神社にて

日本語学習

日本語においても同様で、読解力、聴解力、表記力、会話力が求められる。

一年生（G1）になって、いよいよ日本語学習が始まった。とは言っても授業時間は、日本の学校で国語を学習する半分の七五時間と少ない。小学部卒業時点での進度は、日本の国語の教科書で言えば、三年生ぐらいである。読み書きにおいては、その量からしても、当然ながら不足している。

日本語には、五一文字のひらがなとカタカナがある。それに拗長音や促音、清音の右肩に「゛」が付いて濁音、「゜」が付いて半濁音など。一年生（G1）で、漢数字や曜日、色、山、川、林、森、風、雨、花、多い、少ない、など漢字を三〇字ぐらい習う。それらの読み書きと、短くまとまった文章も読んでいる。

私は、二年生（G2）になってから、ユーシンに日記を書かせることにした。日記を書くことで、不足しがちな語彙を家庭学習で補い、日本語を正確に表記する目的があった。知っている語彙をフルに活用して、文章化する訓練を。また学校で習ってくる漢字を、日記のなかで再度、使用することにより定着を図りたいと。

書く事柄に制約を一切加えず、彼自身が書きたいと思っていることを、書きたい分量だけ書かせることにする。楽な気持ちで自由に書くことを楽しんでほしい。

書き始めたころの日記は、「プリーテストをした」「リーセス（休憩時間）でいっぱいあそんで、おもしろかった」「スイミングにいきました」など、学校でのトピック一つ、二つを単純に並べただけだった。毎日、書く日があれば、二、三日おきの日や、一週間おいて日記帳の一三行を全部、埋めつくす長い日もあった。

二年生（G2）の時点で、その日の出来事を文章化するのは、ユーシンにとって難しかった。一つの言葉のなかに、ひらがなとカタカナが混じっていたり、助詞が抜けたり、話せても正しく表記するのは難しい。それは英語も同じで、接続詞の使い方やスペルなど表記が間違っていることがある。

ジャーナルに英語で書く日記は、大学ノートの二ページをびっしりと埋めつくすほど書いている。その他に日本語の日記を要求するのは酷かもしれない、と私は思い始める。

ＡＳＩＪでは、すべてが英語を手段として回っている。彼の英語力をより確実に伸ばすことに全力を注ぐべきなのだ。学校からは家庭での読書習慣の重要性を指導された。日本語を書くことも大事だが、今は本を読むほうに重心を置くことにする。

いじめ　担任の裁量で解決

二年生（G2）の担任、ミセス・デムラから、親と教師の間で交換する小さなノートを受け取った。子どもの情報を学校と家庭で容易に伝達し合うための連絡ノートである。意見や質問、関心事や逆に心配事を知らせてほしい。悩みや問題があれば、それを解消するために。両親の協力を感謝する、と手紙が添えられていた。

ユーシンの朝は早い。特に冬場は暗いうちに自宅を出て、バス停までの時間三〇分をみておかねばならない。学校で眠くなるらしい。授業中に時どき居眠りをするとノートに記されていた。ユーシンも疲れて帰宅するので早く休むが、寒い朝はなかなか起きられない。ほぼ毎日、出される宿題も終えなければ眠れない。それでも元気な時には、楽しく過ごしているらしく安心する。

一月に風邪を引いて欠席した。ところが二月になって、熱を伴うインフルエンザにかかり、三日間欠席した。その時、夫と私は、このままＡＳＩＪに行かせることに不安を抱き始める。

春休みになり、昼間の時間が長くなって、陽気もしだいに暖かくなった。休み中にゆったりと過ごして、ストレスと疲れを解消しておかねばならない。

春休みが明けて数日後、四月初めのことである。悔しさをじっと堪え、悲しそうな顔をして、ユーシンがバスから降りてきた。何かあったな、と直感する。

「どうしたの？　何があったの？」

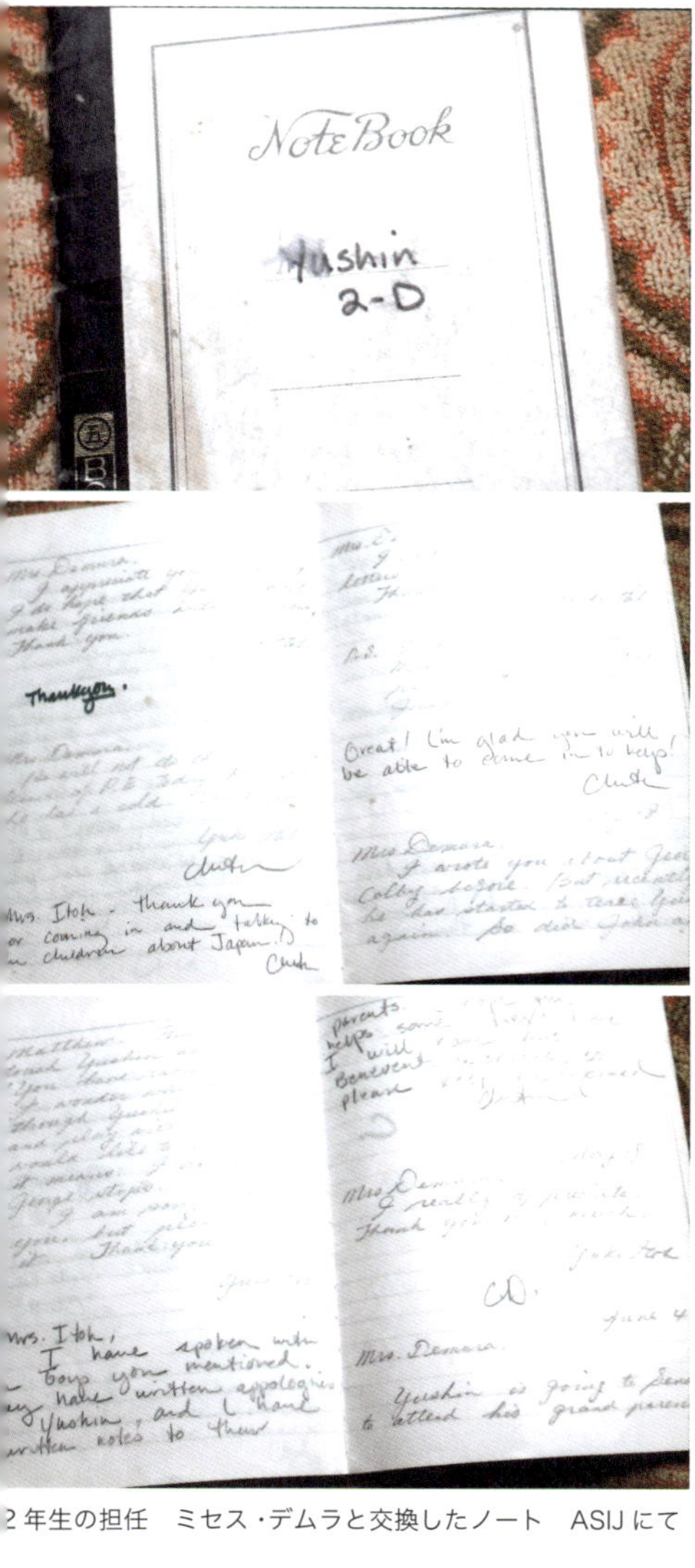

2年生の担任　ミセス・デムラと交換したノート　ASIJにて

「……」

「友だちと喧嘩でもしたの？」

ユーシンは首を横に振る。カオルとは一年生（G1）から仲よしだ。二年生（G2）から同じクラスになった「シゲツ」とも親しくなる。二人とも両親が日本人で、やさしい子どもたちだ。彼らと喧嘩するはずはない、と思った。

「だれかに何か言われたの？」

「うん……」

やっと、返事をしてくれた。

「You have aids（エイズ）」『lazy（のろま）」と、何度もジョージにからかわれたという。「ユーシン」を「プーシン」と言ってふざけて呼んだりもした。ジョージは初めて聞く名前だった。

「連絡ノートに、そのことを書いて、明日ミセス・デムラに渡そうね」

ユーシンは黙ってうなずく。

翌日、私は、ユーシンが言われたという言葉をノートに書いて持たせる。彼が、学校を休むと言わなくて幸いだった。

「ジョージは、春休み以降、何度もユーシンに繰り返します。彼は冗談のつもりかもしれないが、いい気分ではありません。解決を望みます。よろしくお願いします」

即日、彼女からの返事を受け取った。

「よくぞ教えてくれました。本当にありがとう。ジョージとユーシンに訊ねてみます」

私は翌日、ユーシンはみんなと友だちになりたいと思っていると記し、正しい判断をしてくれた感謝とお礼を、ミセス・デムラに伝えた。

数日後、彼女からユーシンをいじめたクラスメートに忠告したと知らせがあった。ジョージの他に男の子が複数いた。彼らはユーシンに謝罪文を書いてくれる。

その後、いじめは収まったかにみえた。

「You have rabies（狂犬病）!」

五月中旬のこと、今度はジョージとマシューである。彼らはユーシンを触って言った。

私は、再度ミセス・デムラに告げる。

「ユーシンは彼らと滅多に話さないし、いっしょに遊ばないのに、なぜ、彼らがそんなことを言うのかわかりません」

「ご存知のように、あのあとすぐに、わたしは彼らに忠告し、謝罪文を書かせました。ノートに書いて、彼らの親たちにも伝えました。それで収まることを期待します。次は、カウンセラーに直に報告します。わたしに任せてください」

私は、この一件を彼女の力量に託して、翌日ノートにお礼を述べた。

担任の裁量で、彼女の一存で、ユーシンへのいじめが解決する。

「日本の学校の教師は、生徒たちの言動や行動に無関心すぎる。本来、教師をサポートすべき校長や教頭も、責任を担任教師だけに押し付け、無関心をいいことにして済ませようとする。彼らは、教育委員会の顔色ばかりを窺っているのではないだろうか。

教師は、もっと生徒たちの学校生活や日常の人間関係を、自分の子どもだと思い親身になって考え、取り組む努力をするべきだ。

いじめは人格の否定である。いじめた側の親たちは、未成年である子どもを監督すべき立場と責任がある。学校は、いじめた生徒の親たちに事実を伝え、解決のための協力を仰いでいるのだろうか。なぜ公表しないのだろうか。なぜ、もっと親に関心を持たせ、子どもの行動を把握させようとしないのか。もし立場が逆だったら、親として放っておけないはずである。

そうしないから、日本のいじめは、いつまで経っても解決しないし、無くならない。それどころか、自殺者が後を絶たないなんて、外国では考えられないことである。教師たち、特に担任教師は、勇気をもっていじめと闘ってほしい」

私は息子の体験から強く思う。

さらに道徳教育の導入を、一刻も早く実践してほしいと願う。

クラスボランティア

四月下旬、私はクラスでボランティアをすることになった。日本についてのレクチャーを、ミセス・デムラに依頼される。日本の四季や食べ物について話すことにした。

「日本は地形上、四季があり梅雨もある。しかし北海道には梅雨がない。冬に雪が多い地方があれば、まったく降らない沖縄や九州南部、たまに降る東京などいろいろだ。日本は南北に長い国だからだ。本州の中央に高い山々が連なっている。西からの風が山脈にぶつかり、日本海側で雪や雨が多い。反対に、太平洋側は乾燥しているので天気がいい」と。

その後、食べ物の話に移る。

「日本の食べ物で何が好き？」

「Ｓｕｓｈｉ！」「Ｓｕｋｉｙａｋｉ！」「Ｒａｍｅｎ！」

「家でお母さんが作る料理は？」

「Ｈａｍｂｅｒｇ！」「Ｈｏｔ　ｄｏｇｓ！」「Ｎｏ　Ｊａｐａｎｅｓｅ　ｆｏｏｄｓ！」

「みそスープはどう？　みんな好き？」

知っている子どもがいれば、知らない子どももいる。

「Ｓｏｙｂｅａｎ　知ってる？」

「知ってる！」「知ってるよ」

「じゃあ、子どもの時の大豆は、何て呼ばれているか、知ってる？」

「Ｂａｂｙ　ｂｅａｎ！」

「Ｇｒｅｅｎ　ｓｏｙｂｅａｎ　枝豆よ。枝豆を知ってる？」

「Ｂｉｇ　ｂｅａｎ！」「えーっ？」と驚く子どもたち。

「枝豆なら知ってるよ！　お父さんがビール飲んでる」と日本人の子ども。

大豆は健康食品で、みそスープは簡単にできるから、お母さんに作ってもらってね、と締めくくる。

ミセス・デムラと、子どもたちからお礼の手紙を受け取る。

その後、カオルのお母さんから電話があり、六月初めにふたたびクラスで手伝うことになった。その時は、カオルのお母さんが、都市と小さな町村の人口や人々の生活の違いについてレクチャーする。

その日は私たちの他、数名のボランティアのお母さんたちも来た。持ち寄った卵焼きときゅうりで海苔巻きや、ツナサンドを子どもたちといっしょに作る。手作りのクッキーやブラウニーを持って来てくれたお母さんもいる。みんなでおしゃべりしながら、ワイワイ、ガヤガヤ。来週からいよいよスタートする長い夏休みの開放感も手伝って、楽しいパーティーとなった。

ユーシン（左端）

ハロウィーンナイトのマスクを作って
付けたユーシン　ASIJ にて

アートの時間　ASIJ にて

授業風景　左端がユーシン　ASIJ にて

ジャイやクラスメートとランチタイム　ASIJ にて

スポーツデー　ASIJ にて

アイデンティティーに悩んだ

ユーシンは三年生（G3）になった。担任ミズ・マシューズは、これまでの小学部担任のなかで一番若い。そして、彼女はユーシンと、もっとも気の合う先生であった。

ASIJでは、日本人の父母が対象のセミナーがたびたび開かれた。日本語学習の進度と内容についてなど。小学部では、おおよそ日本の小学校の半分程度、三年生程度くらいだ。英語については、アカデミックな英語は学校で勉強する。会話については、子どもたち同士の間で学習できる。家庭では日本語を話してほしいと。

難しいのがアイデンティティーの問題だった。個人差があるが、一般的に中学生ごろになって現われるという。自分が何者なのか、自分の正体を明らかにしたいと考えるようになる。

日本人の場合、自分が日本人であるという自覚が芽生えたのに、アメリカ文化の社会にいることへの違和感をもつようになる。家庭では日本人、学校ではアメリカ人として教育を受けている。そのギャップに子どもたちは悩む。

私は、時どき学校へ行く用があった。教室をのぞいても、リーセス（休憩時間）にグラウンドで遊んでいる姿を見ても、いつもユーシンは楽しそうにしている。いい状態で学校生活を送っているものと信じていた。ミズ・マシューズとは馬が合う。学習面での問題も特になかった。ゲンや三年生から友だちになった「ジェイ」とも仲よくしている。アイデンティティーのことにはまったく気が付かなかった。

ところが急に「学校へ行かない」と言い出した。

「えっ、どうしたの？　どこか具合でも悪いの？」

風邪をひいた様子もない。変だな？　と感じたが、毎日の通学も大変だ。たまに一日くらい休んでもいいだろうと思う。

私は、家族がみな会社や学校へそれぞれ出かけた後、家事をしながら、ラジオでＮＨＫの番組を聴くのを日課にしていた。毎朝一〇時ごろ、放送される教育相談を欠かさず聴いた。登校拒否の子どもの相談が、頻繁に寄せられる。そのたびに回答者が決まって言う。「学校へ行きなさい」と言って、子どもを促すことは絶対にしてはならないと。

これがそうなの？　ユーシンが登校拒否なの？　そうなのか——。

私は自問自答する。

その日は、ユーシンに好きなことをさせて、二人で何となく過ごす。ユーシンはゲームをしたり、テレビで好きな番組を観たりしていた。

翌日、彼が休みたいと言えば、休めばいいと思っていた。学校へ欠席の連絡をする。自宅にこもっているのはどうかと思った。

「どこかへ行ってみようか？　今日は平日だから、どこも空いてるよ」

車が好きな私は、時間があるとユーシンをつれて出かけたくなる。彼も車が大好きだ。すぐに本で調べる。渋谷区宮益坂上にある「トリックアート（だまし絵）美術館」へ。

そこへは初めて行く。平面的な絵が、目の錯覚で立体的に変化して見えるユニークな美術館である。観る角度で絵が曲がったり、ゆがんで見えたりする。

風景画に描かれている木や森が、まったく別のものや動物の顔に見えたりするトリックが隠されている。絵の正面に描かれていない被写体が、角度によって突然、視界に飛び込んできたりする面白い作品が数々展示してあった。ユーシンも楽しんでいたようだ。

今は閉館されたが以前、近くに「子どもの城」があって、エリックとよく遊びに行った。そばの「都児童会館」へも時どき出かけた。

「どうしてＡＳＩＪに行くの？」

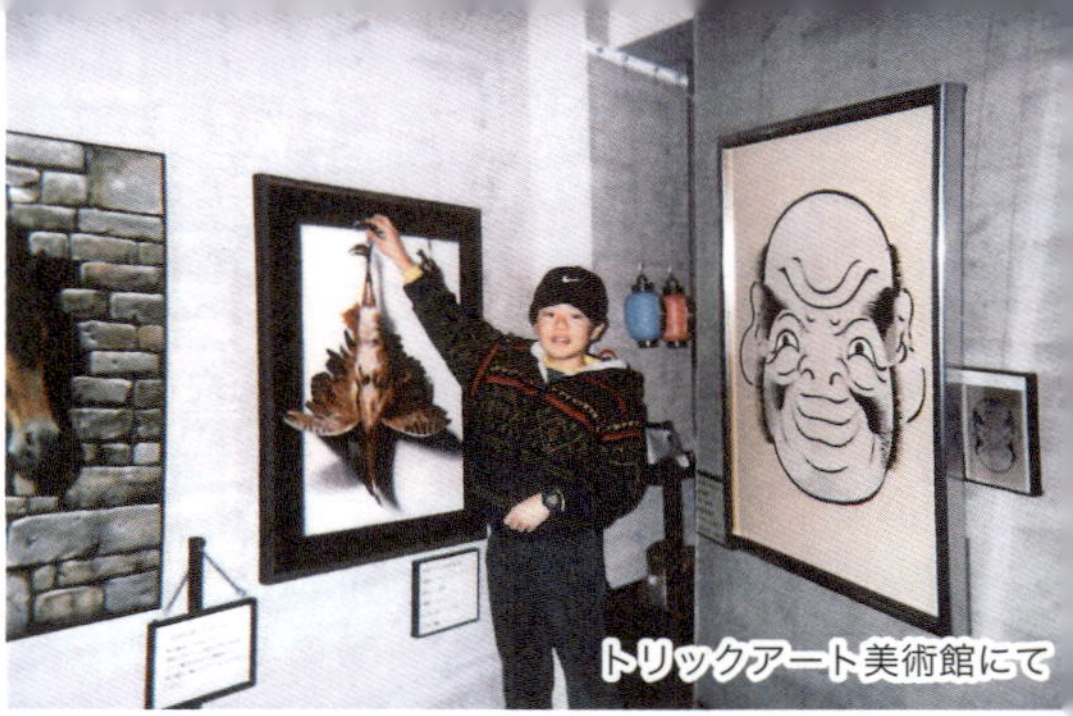

トリックアート美術館にて

練馬　音の美術館にて

帰りの車のなかで、ユーシンは言った。

これが、あの「アイデンティティー」なのか――。それとも登校拒否なのか？

中学生ごろに訪れると聞いていたのに、ユーシンには「今」だったのだろうか……。

「ASIJは嫌い？」

私は思い切って訊ねてみた。

「ううん、嫌いじゃないよ」

彼は、私に気兼ねしたのか、そう応える。

ユーシンは、心のなかでずっと迷い続けていたのかもしれない。

私の頭の隅には、彼にはASIJのような大きな学校は合わない、という否定的な想いが常に宿っていた。本当は、ASIJなんて大嫌い、だとユーシンは言いたいのかもしれない。

「学校に行きたくなるまで、行かなくていいのよ」

私は、彼を安心させるために言った。

「ジェイ、どうしてるかなー？　ゲンも、みんなも……」

「みんな、ユーシンのこと、どうしたんだろう？　って待ってるかもね」

しばらくして、ユーシンは、ジワーッとした低い声で突然言った。

「よーし、やるぞーっ」

私は、彼のその一言に仰天する。今、聞いた声とこんな勢いは初めてだ。

心配は尽きないが、とりあえずユーシンが、自分から学校へ行くと言ってくれて、本当によかった。その言葉を待っていて本当によかった。

その後、アイデンティティーに悩んだ様子はなく、あれがそうだったのだろうか……。

引っ越しか？　転校か？

三年生（G3）でカオルやシゲツとは、別のクラスになったが、幼稚園年長（K5）で親しかったゲンと同じクラスになる。ジェイが親友に加わった。彼の父親はアイルランド出身で、母親は日本人である。

ジェイの家は、ASIJのすぐ近所だった。ユーシンは放課後、残って彼と遊んで帰りたくても、バスの時間があるため、それができない。

二人がいっしょに遊びたい時は、ジェイの家に泊めてもらい、またわが家に彼が泊まりにきた。

自宅が、学校が、どちらかがもっと近ければ――、と幾度か考えさせられた。

そのころだ。ゲンのお母さんから、もうじき引っ越すと聞く。K5で知り合った私たちは、土曜日にいっしょにピクニックへ行ったりもした。

彼には幼稚園の年長（K5）に通う妹「ミサ」がいる。私たち五人は、京急電車に乗って、秋の三浦半島へみかん狩りに出かけた。

日当たりのいい山の斜面一帯がみかん畑だ。子どもたちは、急な斜面を転びそうになりながら、器用に走って、おいしそうなみかんを探す。

「こっちにいっぱいあるぞーっ！」

先に走って行ったゲンが叫ぶ。彼は積極的だが、やさしい少年だった。

採りたてのみかんをみんなでほおばる。渇いたのどに、みかんのあまいジュースがしみわたる。

「おいしいーっ！」「あまーい！」声を出しながら口へ運ぶ。

遠くに初冬の海が、穏やかな日差しを映して光っていた。

「二人ＡＳＩＪに行くようになって、バス代が掛かるし、学校が遠すぎて大変」

お母さんはこぼす。お父さんはアメリカ人の翻訳家だった。彼らの家は、私の夫の会社に近い千代田区麹町だ。

「うちは勤め人じゃないので、どこで生活してもいいし。マンションを手放して、学校の近くに引っ越そうと思って……」

気持ちはだれもが同じだった。

「そうなの――。私も何度か考えたことはあるけど、主人の会社が都内だし、他の子どもたち

みかん狩り　三浦半島にて
左からゲン、ユーシン、ゲンの妹ミサ

サマースクールの水泳教室で習う
SMISにて

のことがあるから――」

ユーシンは、この先まだ九年もASIJに通わなくてはならない。この際、思い切って転校するほうがいいのかもしれない。そんな話は夫ともしたことがある。ユーシンは、毎日クタクタになって帰宅する。朝も早い。小さいころはもっとかわいそうなくらいだった。

しだいに私たちは、転校を本気で考えるようになっていた。選ぶなら、幼稚園でシスターに入れてもらえなかったが、私はSMISに決めていた。自宅から一二キロは近いほうだ。

ASIJに在籍中の夏休み期間、ユーシンは毎年、SMISのサマースクールに参加していた。

闘う親たち

　翌年春、授業料の値上げと老朽化した校舎の建て替えなど、寄付金の徴収が持ち上がる。学校側の企画に協力してほしいと手紙が届いた。

　夜七時から、リケットンシアターで、英語と日本語の会合が幾度か開かれる。また日曜日の午後、学校近くの多摩神社の集会所でも意見交換会が持たれた。夜では帰宅時間が遅くなるので、私は主に昼間、開かれた会合に出席する。

「日本の教育委員会と喧嘩して、ＡＳＩＪを選んだのに――」

「わたしたちは、みな日本の学校を放棄して、ＡＳＩＪに来ているんですよ！」

「高い授業料を払っているのに、まだこれ以上請求するなんて――」

「これじゃ、バス代をもう一人分、払うのと同じじゃないか――」

「小学部の校舎を新築したころには、うちの子は卒業している」

「いったい何のための寄付かわからない」

「年間、一七〇万円の授業料が、何に使われているのか、この際はっきりさせよう」

「経費が掛かっているのは、余剰人員が多すぎるからでは……」

「この際、スタッフの削減も視野に入れて考えるべきだ」

「学校の都合ばかりで、私たちの意見を聞いてくれたのでしょうか?」

さまざまな意見が飛び交った。授業料の他に、年間三〇万円の寄付金を向こう一〇年間、徴収するというのはひどい話である。父母たちは、必死に抗議した。

実際には、校舎の建て替えが必要だったのだ。六年ごとにASIJの認定が行われるアメリカの機関(WASC)に、資格を再認定されるためのものだった。WASCとは、アソシエイション・オブ・スクールズ&カレッジズで、東アジアのISを認定する責任がある、アメリカの学校認定機関のことである。

だがこの寄付の件は、親たちの猛反対に合い、学校側はそれに折れて、ひとまず撤回の意向を示す。やがて授業料が年間、二〇〇万円に到達するのは目に見えていた。

Ⅵ

セントメリーズインターナショナルスクール（SMIS）

アメリカのサマースクール

小学四年生（G4）から、高校一年生（九年生、G9）までの六年間を、ユーシンは、世田谷区瀬田のSMISで過ごした。

その間に二回、アメリカで現地の学校が主催するサマースクールを体験する。サマースクールの開催時期と期間は、学校により異なるが、おおむね六月中旬から八月中旬の三週間または六週間のコースで開催される。

一回目にユーシンが参加したサマースクールは、九五年七月初めから八月中旬までの六週間。カナダ・トロントとナイアガラの滝に近い、アメリカ北部の都市バッファローにあるガウスクールである。翌九六年は六月中旬から七月下旬まで、六週間のハワイ・ホノルルのイオラニスクールだった。

サマースクールは主に、通常通っている地元の子どもたちが、三ヵ月の夏休み期間を有意義に過ごすためのものである。一方、その学校独自のプログラムを組み、近隣の学校の子どもたちも受け入れている。全寮制の学校では、アメリカ各地から、また世界各国から少年・

ROCK CEREMONY
I lay my rock upon the ground, in the winner's
ircle so full and round. As the seasons change
nd summer fades, warm memories of Gow keep
ur hearts ablaze. New skills that we've learned,
nd friendships so dear, will keep us together
'l we're reunited next year. Have a wonderful
chool year and keep in touch."
THE GOW SU
PROG
Michael P. Holland, D
South Wales, New Yor
716/652-3450,
800/332-Gow
716/655-4881 r
ガウスクール　グラウンドの一部

ガウスクールのサマープログラムへ出発
左からユースケ、ユーシン、ジュンと彼のお母さん
成田空港にて

ジュン（左端）、サマースクールで
知り合った友人と
中央がユーシン

中列左から４人目がユーシン

クラスメートたちと週末の小旅行へ
前列右端がユーシン、３人目がユースケ

低学年用のプレイルーム

少女たちがやって来る。

最初に参加したガウスクールは全寮制の学校で、ユーシンはそこの寮で六週間を過ごした。SMISから、一学年上の「ユースケ」と「ジュン」が参加、成田から三人でいっしょに出国する。二人とも行動的でありながら、やさしい少年たちで、サマースクールの間、ユーシンは彼らに助けられた。親元を離れ、アメリカで寮生活を初めて体験するユーシンにはとても心強かった。

一年後、ジュンは父親の仕事で韓国へ帰国する。ユースケとユーシンはサマースクール終了後も友人関係が継続する。私も彼の母親、佐知子さんと親しくなり、SMISで開かれるセミナーや講座へ誘い合って出席した。

ガウスクールのプログラムには、週末にバックパッキングトリップと呼んで、グループで行く小旅行がある。トロント市内ツアーやナイアガラ観光などが計画された。寝袋持参で行ったキャンプ場で、ユーシンは、山の斜面を寝袋のままゴロゴロと転がり落ちてしまった。幸い何事もなかったが、後で聞いてヒヤリとした。

サマープログラムには、英語の読み書きなどスキルを磨くコース、数学（算数）、物理、化学の復習、コンピューター学習、自分の弱い科目を補うコース、また、来学期に向けた予習などさまざまなコースが用意されている。また趣味に繋がるアート、陶芸、チェス、バンドやギターなど音楽関係もあって多彩だ。

イオラニスクールには、マジックコースや日本語教室があった。

午前中に教科の学習、そして午後に、運動やアクティビティー、屋外活動、スポーツ学習などが組まれる。

ガウでは、弓道やホッケー、サイクリングを楽しんだ。イオラニで、ユーシンは野球をした。バスケットボールをしたかったが、あいにく休講だったので野球を選んだ。太陽がもっとも高いなかでの屋外スポーツはきつい。毎日、汗と土ぼこりにまみれて帰ってきた。

暑さと野球の練習で体力を消耗したユーシンは、帰宅するなり毎日、ラムレーズンアイスクリームのファミリーパックをペロリと平らげる。普段はあまり甘いものを食べないほうだが、この時ばかりは、疲れた体にアイスクリームの甘さが最高の癒しだったようだ。

私は、今回が二度目のホノルルである。七六年、アメリカでの語学研修の帰国途中に立ち寄ったホノルルとは大きく様変わりしていた。常夏で世界的なリゾート地のハワイは観光客で絶えないが、二〇年前のホノルルは今のような賑わいや混雑はなかった。そのころもワイキキビーチに高層ホテルは建ち並んでいた。それがこの時、高層ホテル群はタケノコが生

ハワイ・ホノルルのイオラニスクールにて

コンドミニアムのバルコニーから

パールハーバーにて

ダイヤモンドヘッドをバックに

裕次郎さん（左端）とマドリッドのホテル・リッツにて
右端はコーディネーターの武田さん、中央が夫

アリゾナメモリアル

ワイキキ水族館

えたように密集し林立している。また七月、八月は夏休みを利用した学生や、日本人観光客も多い。

ホノルルでユーシンと私は、アラワイ運河沿いのコンドミニアムを借りて生活した。賑やかなカラカウア大通りとワイキキビーチへは七、八分で行ける。コンドミニアムの屋上にプールがあり、そこからはビーチが望める。

運河のちょうど反対側にイオラニスクールのキャンパスが見える。その隣にアラワイゴルフコースもある。七階の部屋から、ゴルフ場の広大なグリーンと学校、その向こうにタンタラスの丘が一望できた。

夏場の夜八時ごろはまだ明るい。日差しが傾きかける夕方になると、少し涼しくしのぎ易くなる。週に数回、若者たちがアラワイ運河でカヌーやレガッタのトレーニングにやってくる。山側はワイキキビーチやダウンタウンの喧騒が嘘のように静かだ。広い運河の穏やかな流れと緑のタンタラス、日々開放感を味わいながらの生活は快適だった。

学校は、運河をはさんで、私たちが住むコンドミニアムの向かい側だが、その辺りに橋がなく、バスを乗り継いで行かねばならなかった。クヒオ通りからハワイ大学行きのバスに乗り、途中で乗り換えて学校へ。

当時ホノルル市内、及びオアフ島全域を走る乗り合いバスは、どこまで乗車しても一ドルで行くことができた。「トランスファー・プリーズ」と言って、チケットをもらえば乗り換えも可能だ。

七月に入ってすぐに月極めのパスを購入する。乗り降り自由のパスで、ユーシンと私は、土日にオアフ全島をほぼ網羅するくらい、バスを利用して出かけた。

最北端のタートルベイ、北部のポリネシアカルチャーセンター、ワイメア渓谷。東海岸のカネオヘ湾、ハロナ潮吹き穴。ワイキキ周辺のダイアモンドヘッド、ホノルル動物園、カピオラニ公園、ホノルル美術館、イオラニ宮殿、アラモアナセンターなど。ポリネシアンディナーショーへも。

私たちはパールハーバーも訪れた。日本軍の奇襲攻撃で沈没した戦艦アリゾナ号が、傾いた当時の状態のままで展示されている。太平洋戦争の生々しい映像や写真、記録映画、そして犠牲者の刻印文字に涙がこぼれる。

七月中旬、休暇をとって夫がハワイへ来る。ホノルルに一週間滞在した。

夫は、「おもろい夫婦」やコント55号、ワタナベプロ所属の歌手たちと仕事でハワイへ来たことがある。長寿番組「スター千一夜」では何度も訪れている。たまたまそのロケの時、ハワイ滞在中だった石原裕次郎さんのワイキキの定宿ホースタータワーをスタッフらと訪ねた。裕次郎さんはスタッフにやさしく実に気さくな人である。翌日、彼のヨットへ招待された。

裕次郎さんとはその後、高峰三枝子さんが司会を務めた「三時のあなた」の特別企画番組のロケで、ともにスペインへ。

夫と私は、再度パールハーバーを訪れた。ユーシンのサマースクール終了を待って、いっしょに帰国する。

アメリカの息子から

九五年夏、ユーシンはカナダとの国境に近い街、バッファローで過ごした。六週間のサマースクールの間、夫と私は、ファックスを含め、一〇通の手紙をガウスクールへ送った。そ

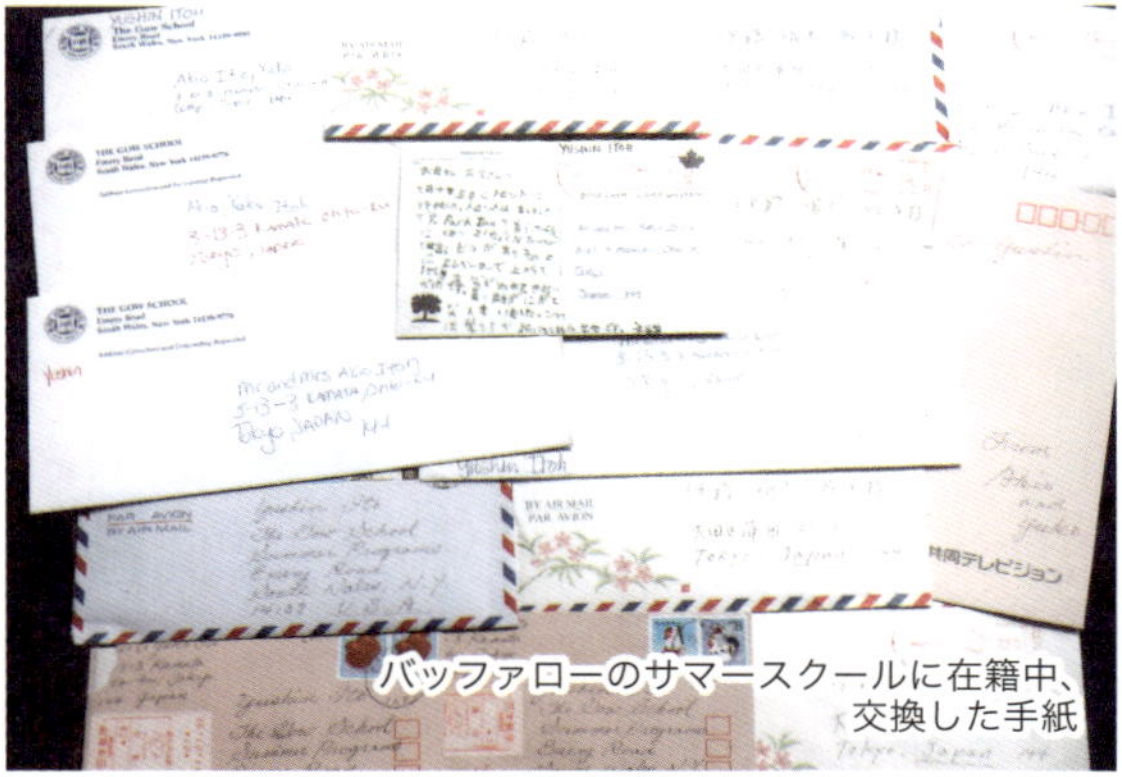
バッファローのサマースクールに在籍中、交換した手紙

れに対しユーシンは、一一通の返事を日本にいる私たちに書いてくれる。

ユーシン一〇歳の夏は、全米と世界各国から、夏休みを利用して集まってきた八歳から一九歳の学生たちと寝食をともにしながら過ごす。それまで友だちの家に泊まりに行くことがあっても、私たち親子が、長期にわたり離れて暮らすのは初めての経験である。

私にとっては、この機会を親の子離れとし、ユーシンには、子どもの親離れのきっかけになればと考えていた。成功すれば刺激となり、いい体験となって自信に繋がる。彼がたくましく成長するまたとない好機を得ることは確実であった。

学校との入学手続きを進めるなかで、私は、本当にこれでよかったのだろうか、時期尚早ではあるまいかなど思いをめぐらした。あれこれと気にかけながらの二ヵ月間を送る。

ユーシンが日本を発って二週間後、私たちは待望の手紙を受け取った。初めての手紙には、先生や友だちはみな親切であること、スポーツやゲームをして毎日が楽しいことなど、学校や寮での生活が記され、夫と私を安心させた。

その後の手紙には、週末の小旅行や近くの山へ行ったこと、自転車で広い公園を走ったこと、映画を観に出かけたことなどを書いてくれる。

風邪をひいていないか、また病気や怪我にくれぐれも気をつけてほしいことなど、私が常に書いて送るので、彼の手紙には、「元気にやっているので、心配しないでください。また手紙を書きます」といつも結んである。

普段ノーテンキな夫だが、ユーシンからの手紙を読む時ばかりは、涙腺の箍《たが》が緩んで、涙もろくなってきたように思われた。そんな夫の表情を横目で窺うと、じわっとこみ上げてくるものを必死に堪えているのがよくわかる。

アメリカ滞在中のユーシンもまた、私たちからの手紙を受け取り、同様であったことを後で知った。

その後もユーシンは、私たちの安否を気遣うとともに、自分の日常を克明に綴った手紙を一一通書いて送ってくれる。

太平洋を渡った私たちの往復書簡二一通は、今も大切に保管してある。

国境の町、バッファロー

九六年五月、私は親善訪問団に参加、アメリカ・マサチューセッツ州セーラム市を訪れる。私の住む大田区とセーラム市は、九一年に姉妹都市となった。

セーラム訪問はかねてよりの念願だった。親善訪問の終盤は、カナダのトロントとナイアガラ観光だ。前年ユーシンが、ガウスクールへ行ったことで、この機会に学校のあるバッファロー市をぜひ訪れてみたいと思った。

セーラム訪問とその年ボストンで開催された「アメリカ・ジャパンウィーク96」での行事が滞りなく終了した。

その後、私たちはハーバード大学を訪れた。ハーバード大学は一六三〇年、牧師を育てるカレッジとして始まったアメリカでもっとも古い大学である。私は、ユーシンのお土産に「VE　RI　TAS（ヴェ・リ・タス）」と印された大学のロゴマーク入りのTシャツとパス入れを購入する。「VE　RI　TAS」とは「我々は本からいろいろな知識を得る」という意味のラテン語である。

ＡＳＩＪで読書の習慣に力が注がれていた。アメリカ教育に読書の重要性が欠かせないのを再確認する。

訪問団一行は、ボストン・ローガン空港からデトロイトを経由してバッファローへ向かった。バッファロー空港は国際空港にしては小さいが、ここはカナダとの国境に隣接、世界の観光地、ナイアガラ滝への出発地点でもある。ユーシンが降り立ったバッファロー空港に立ち、私は空港の写真をカメラに収め、ひとり周辺を散策した。

バッファローはフランス語のボー・フルーヴ（Ｂｅａｕ　ｆｌｕｖｅ　美しい流れ）が訛って、バッファローになったといわれる。五大湖の一つ、エリー湖に注ぐバッファロー川のことである。

私たち訪問団員は、空港からバスで国境を通過した。車窓から眺めたバッファローは、エリー湖畔にたたずむ閑静でのどかな街である。バッファロー川は、幅が五〇〇メートルはありそうな雄大な川である。穏やかな川面は周囲の新緑を映し、クルーザーと数隻のヨットが停泊している。郊外にはゆったりとした平原がどこまでも広がっている。

一日この街を見ることで、ユーシンのサマースクールの様子が想像できて、私はなぜかホッとした。

エリー湖に臨む緑豊かな大地が、子どもたちを温かく育み、勉強やスポーツ、課外活動に明け暮れたユーシンに勇気を与えてくれた。

NHK「一口《ひとくち》英会話」のマイク先生

ユーシンが四年生（G4）の時、「ティミー」と知り合った。彼は、父親がアメリカ人、母親が日本人で三人兄弟の次男だ。三人ともSMISに通っている。

ASIJからSMISに転校してまもなく、二人は気が合い、急速に親しくなっていった。週末、ユーシンは彼の家へ遊びに行き、ティミーもまた、わが家へ来るようになる。

「お父さんの仕事はなに？」

知り合ってまもないころ、私は、彼のめずらしい姓に聞き覚えがあったので聞いてみた。

「英語の先生してる」

バッファロー空港

バッファロー市街

もしかして明治大学の先生では、と思い尋ねると、やはりそうだと言う。

「『一口英会話』の先生じゃない？」

ティミーはくるくるとした目をさらに大きく見開いて、にこにこしながら私を見つめている。

「やっぱりそうだったの！　偶然ね」

彼の父親、マイク・マクサマック氏は、私が毎日、聴いていたNHKラジオ番組「一口英会話」の講師だったのだ。ユーシンが幼稚園に通い始めたころから、私は平日の午前中、家事をしながらNHKのラジオを聴いていた。

一一時二五分、私はその時間が楽しみだった。

「こんにちは！　マイクでーす」

明るい声で、彼は毎日、全国津々浦々でラジオを聴いている、幅広い世代の人たちに呼び

SMISのスクールフェスティバルで　左からマイクさん、前田さん、私

かける。流暢な日本語を操り、歯切れのいい話しぶりが、ラジオから軽快に伝わってくる。毎日、一つずつ簡単なフレーズを練習。その語句のもつ意味や語源、使い方などを易しい言葉で、わかりやすく解説してくれる。親しみが湧いた。正味三分の短い番組だったが、楽しい時間だった。

彼の教え方は評判がよく、当時、番組のファンも大勢いた。私が聴いたのは最後の二年間だけだったが、実際には、八三年から九年間にわたり放送されたと聞いて驚いた。

ところが、制作担当者が交代、マイクさんは講師を辞めた。私はそのことを、彼の妻、能《の》理《り》子《こ》さんから後で聞く。当時はそんな理由など知る由もなく、「マイクの一口英会話」が終わったことをとても残念に思った。

その後、講師が二人代わったが、何年か後には番組自体が姿を消してしまう。

「一口英会話」とティミーが縁で、私たちは家族ぐるみの付き合いとなる。マイクさんは写真もプロ級の腕前で、夫とも話が合う。

「昨日は大学のコンパでね。学生たちと夜中まで飲みましたよ」

そう言って、マイクさんは疲れた様子もない。滅多に来ない夫と違い、息子たちの学校へもよく来ている。

彼は、ラジオで声だけ聴いていた時と少しも変わらない。気さくで明るく楽しい人である。

親友とは来年も同じクラス

ＳＭＩＳは一九七六年に創立した男子校だ。近くにある女子高、清泉ＩＳとは姉妹校で交流がある。毎年クリスマスコンサートが合同で開かれている。

カソリックのＩＳなので、毎朝スピーカーを通して、校長ブラザー・ミッシェルのお祈りの時間がある。

生徒数約九〇〇名、国籍三〇数ヵ国。日本人生徒は、学年によって異なるが、約三五％いる。その点、ユーシンには居心地がよかったようだ。

日本人父母たちへのセミナーや講座、勉強が多く持たれた。学校が近くなり、私も自然にそれらに出席する機会が多くなった。

朝は七時起床、朝食を済ませて、七時五〇分に自宅を出れば、八時二〇分に学校へ着ける。スクールバスに乗り遅れる心配もない。ＡＳＩＪの時とは大違い。私たち家族にも時間的余裕が生まれた。転校して本当によかったと思う。

小学校の時は朝だけ学校まで送って行き、帰りは電車で帰宅した。中学生になってからは電車で往復する。放課後、友人たちとグラウンドで遊んでくることもあった。

ティミーとユーシンが親友となって、マイクさん、能理子さん夫妻と私たちも親しくなる。彼らとは、クラスやスポーツボランティア、カーニバルの手伝い、セミナー、学校行事への参加などで会う機会も多かった。今度は学校が近くなったこともあり、私もたびたび学校へ出向く。自然にいろいろな情報が耳に入り伝わってきた。その一つがリクエストである。

小学校のみであるが、学年末に申請すれば、親しい友人と来学年も同じクラスになれるのだ。これは大変よろこばしいことだと思った。新学期になってクラスが違い、離れ離れは誰しも経験したことがある。それでなくても、子どもにとって不安を伴う新学期、新学年である。

子どもたち同様に、能理子さんと私も、「二人が来学年の五年生でも同じクラス」を望んでいた。私たちはリクエストする。

担任を親が選ぶ

ティミーとユーシンは、変わらず仲よく同じクラスで五年生に進級する。

ティミーには、四歳上の兄「ショーン」がいる。ティミーとユーシンが五年生（G5）、ショーンは高校一年生（九年生、G9）である。

私は母親たちの会合で、また新たな情報を手にいれる。「親が子どもの担任教師を選べる」というものだ。SMISに転校して、四年生、五年生の時には知らなかった。だが、どちらの担任もいい先生方であった。

ユーシンの学年は三クラスある。来学年の六年生を担任する三人のうちの一人、ミスター・デイヴィスがとてもいい教師で、生徒たちに人気があるという。

「彼は、とにかく人柄がやさしい。子どもたちの個性を尊重してくれる。授業がおもしろい、楽しい。易しく指導してくれる。やさしく接してくれる」と。

私は早速、そのことを能理子さんに伝える。

「ショーンが六年生の時、担任がミスター・デイ

ミスター・デイヴィス、ティミーと

ブレンダンと　SMIS グラウンドにて

スクールアクティヴィティ　遠足
クラスメートたちと　前列左端がユーシン

ヴィスだったの。いい先生よ」

　彼女がそう答えたので、「どう？」と私は聞いてみる。

「伊藤さん、ミスター・デイヴィスをリクエストしてくれる？　わたしは、ティミーをユーシンと同じクラスにしてほしいと、リクエストするから」

「いいわよ。じゃ、そうしましょう」

　こうしてティミーとユーシンは、六年生（G6）でも同じクラスで勉強できることに決まった。

　六年生の時、学年全員七一名で日光へ修学旅行に行く。

庭でキャンプ

　マイクさんはアウトドアが好きで、テント持参でどこへでも出かけるという。結婚前、海辺にテントを張って、二人で星を眺めたと、能理子さんが言っていた。私はアウトドアが好きではないが、ロマンチックだなー、と思って、その話を聞いた。

　夫と私は、マイクさんたちを千葉へ招待した。ティミーには、四歳下の弟「マイキー」がいる。能理子さんは他に予定があって来られなかった。

　マイクさんは、ティミーとマイキーをつれて車でやって来る。

「テントを持って来たので、今夜は子どもたちを庭でテントに寝かせましょう！」

　とマイクさん。

「わーい！　やったー！」

　テントに泊まったことがないユーシンは興奮気味。

「やったー！　やったー！」

　ティミーとマイキーも大よろこびでジャンプする。早速みんなで、ケヤキの下にテントを張った。大人が寝られるほど大きなテントだ。

　夕食後、花火をする。予定通り、子どもたち三人はテントで、私たち大人は、エアコンの効いた部屋でそれぞれ休んだ。

　真夜中の一時ごろだった。ユーシンがいきなり部屋へ駆け込んで来る。

「蚊がいて、大変だよ！」

「もう、ダメだ！」

　見ればティミーとマイキーもいる。部屋でいっしょに寝ることに。

白里海岸でティミーと

からユーシン、ティミー、弟マイキー　千葉にて

夫のクルーザーでティミーと勝浦にて

スクールアクティビティー　陸上
右端がユーシン　SMIS にて

翌日は庭で走りまわったり、サッカーをしたり、ミニテニスをしたりする。海岸ではカニを捕まえたり、貝を拾ったりした。また、海で投げ釣りの練習をした。子どもたちは、なかなか上手くいかなかったが、みなで夢中になって遊ぶ。その後もティミーは一人で泊まりに来て、私たちと何度か千葉へ行った。

夫は、友人たち五人で勝浦マリーナに、一五人乗りのクルーザーを所持している。ティミーとユーシン、私は、夫の操縦で、湾内のクルージングを楽しんだこともある。

残念なことに、マイクさんは二〇一七五月、病気のため六八歳で他界されました。謹んでご冥福をお祈りいたします。

スポーツとバンド

ＩＳはどこもスポーツが盛んだ。ＳＭＩＳでは、九月からサッカー、一一月から野球、三月からバスケットボール、五月から陸上などがそれぞれ始まり、シーズンごとにいろいろなスポーツが経験できる。また水泳、テニス、レスリング、アイスホッケーなどは年間を通して参加でき練習できる。

ほぼ毎週土曜日に、各学校チームの親善試合が、ＩＳどこかのジムまたはグラウンドで行われる。ＳＭＩＳは、ジムやプール、グラウンドが広いので、ＳＭＩＳで開催されることも多い。

ユーシンは、四年生でサッカー、五、六年生で野球、中学一年生で陸上、二年生でサッカー、高校一年生でふたたび陸上に打ち込んだ。


一方、バンドは五年生から履修科目として学習する。ティミーとユーシンは、アルトサックスを選んだ。

五年生コンサートバンド、六年生コンサートバンド、中学生コンサートバンド、高校生コンサートバンド、高校生ジャズアンサンブル、ストリングオーケストラ、チェンバーオーケストラ、軽音楽アンサンブル、ジャズバンドなど多彩だ。小学生、中学生、高校生のオーケストラバンドの他、専門的なバンド演奏も学習できる。

毎年五月の第二土曜日に開催されているカーニバルや清泉ＩＳのカーニバル、クリスマスコンサート、ジャズフェスティバル、中学生バンドフェスティバル、ディナーショー、インターナショナルボール、スプリングコンサート、ミュージカル、卒業式などで演奏する。

クワイア（合唱）やオペラ、コンサートなどが土日や平日の夜に開催、父母たちが招待される。親たちはこの日、息子の演奏を楽しみ、ひととき心を癒す。

幅広い選択肢

ＳＭＩＳでは、日本人父母向けのセミナーや懇談会がよく持たれた。学年別や全学年を対象にしたものなど、興味や関心があれば参加は自由である。

中学一年生（七年生、Ｇ７）になった生徒の親たちの関心事は、そろそろ始まる息子の大学選択のための心の準備である。高校の教育課程で、欧米の一流大学を目標に据えた選択科目やカリキュラムが用意される。

ここＳＭＩＳでは、生徒の九五％がアメリカの大学を目指す。そのためにまずＳＡＴ（スコーラスティック・アプティテュード・テスト）ⅠとⅡの準備が必要だ。アメリカの四年制大学入学資格の資料として義務づけられている全米標準テストである。日本の共通一次のような試験だ。

他にＡＣＴ（アメリカン・カレッジ・テスト）。これはアメリカの大学進学を希望する生

スイミング　ティミー（左端）
ユーシン（右から2人目）　SMISにて

スクールアクティビティー　野球
前列右から4人目がユーシン　SMISにて

陶芸　SMISにて

バンド　SMISにて

クワイア（合唱）　中央がユーシン
SMISにて

サッカー　SMISにて

97年当時、ジャイアンツの投手だった
工藤選手の野球教室で

徒に向けた学力テストで、試験科目は英語、数学、理科、社会の四科目である。

その他にも、進学準備のための特別プログラムがある。その代表的なものがＡＰ（アドバンスト・プレイスメント）とＩＢ（国際バカロレア）である。

ＡＰは、特に成績優秀な生徒のためにおかれているアメリカの大学進学対策コースで、授業内容は大学レベルの講義だ。このコースをとって、さらに試験の成績が優秀ならば、大学入学の際に単位として認定される。

一方ＩＢは、ＩＢＯ（国際バカロレア機構）がスイス・ジュネーブにあって、一九六〇年代にヨーロッパを中心として始まった。ＩＢプログラムには三段階あるが、大学入学において重要なのは、高校最終の二学年、ＩＳの場合、三年生（一一年生、Ｇ11）と四年生（一二年生、Ｇ12）を対象にしたディプロマ資格プログラムである。

この「ＩＢディプロマ（資格）」を取得すれば、高校卒業資格が得られる。アメリカやイギリスを初め、ヨーロッパなど世界中の大学すべての入学試験を受けることが可能だ。そのため世界各国のＩＳで学ぶ生徒が、どこの国に滞在していても、スムーズに大学に進学できるよう、共通のカリキュラムが設置され、大学受験資格が与えられるシステムである。

当初ヨーロッパが中心だったこのプログラムは、今やアメリカでも注目されている。

私が、ＳＭＩＳのセミナーで「ＩＢディプロマ」について、初めて詳しく知ったのは、九七年一〇月であった。ユーシンが六年生になったばかりのころである。当時、ＩＢはアメリカの大学入学に必要なく、持っていれば有利で、大学課程の四年間が三年間に短縮できるケースもあると聞いた。

イングリッシュワークショップの落とし穴

ＩＳの場合、高校は四年制で、高校一年生（Ｇ9、九年生）の五月ごろに大学の説明会が開かれる。アメリカの大学の情報に詳しい教師が相談に乗ってくれる。説明会に親子で参加もＯＫだ。そして、高校三年生（Ｇ11、一一年生）と四年生（一二年生、Ｇ12）で履修する「ＡＰ」と「ＩＢディプロマ」についての説明会もそのころに開かれる。生徒たちは、高校二年生（一〇年生、Ｇ10）の時に自分で決める。

ユーシンは、アメリカの大学よりイギリスまたは日本の大学への進学を希望した。第二外国語として日本語を選択したい彼は、これまでに学習済みの「日本語Ｉ」に加え、上級の「日本語Ⅱ」を履修して、「バイリンガルディプロマ」を目指していた。

二〇〇一年九月、ユーシンは高校二年生に進級する。この年度から、いよいよ大学進学に向けた本格的な対策コースが始まる。各生徒たちは、目標を自分で決めなければならない。

ＳＭＩＳでは、ほとんどの生徒がアメリカの大学へ進学する。そのため、イギリスやヨーロッパの大学を志望する生徒は、早い段階での編入や転校が望ましい。小学校でお母さんと親しかったＴ君兄弟は、イギリスの中学校へ。ユーシンが中学校で仲よしだったＹ君は、イギリスの高校へそれぞれ編入していった。

この時期、日本人生徒には、高校の授業課程でさらなる英語力が求められた。このままいけば、上級日本語の替わりに英語を履修しなければならない。第二外国語に日本語を選択した「バイリンガルディプロマ」の取得が難しくなってくる。

納得がいかなかった私は、担当英語教諭と学校に抗議する。その後も学校へ出向き、当時の高校の校長、ミスターＫに面談した。そのうちの何度かは、長男が同行、いっしょに抗議してくれたが、聞き入れてもらえなかった。そうこうするうちに一ヵ月が過ぎてしまう。

私たちは転校を決意する。アメリカのみならず、ヨーロッパの大学にも広く門戸を開いていた横浜インターナショナルスクールへ。

Ⅶ

横浜インターナショナルスクール（YIS）

バイリンガルディプロマを目指して

ＹＩＳは、ユーシンが編入した当時、七七年の歴史を持つ一九二四年創立の学校だった。生徒数約五〇〇名、国籍三〇数ヵ国、日本国籍の生徒は約三〇％いる。

二〇〇一年九月下旬、ユーシンのＹＩＳへの編入が決まった。その当時、ＹＩＳで転校や編入、進学などのコーディネーターだったミスター・バーナードが懇切丁寧に対応してくれる。お陰で、ユーシンは一ヵ月遅れただけで、高校二年生（一〇年生、Ｇ10）からＹＩＳで高校生活が過ごせることになった。

スポーツは大好きなサッカーに打ち込んだ。学習面ではいよいよ、ＩＢディプロマへ向けた準備が始まる。ＹＩＳはユーシンにとって、一五年間のＩＳ生活のなかで、もっとも充実した三年間となった。

ＩＢディプロマ取得には、六教科の他、教科の枠を超えた自己表現力と思考力を養う芸術と論文が必修科目に加わる。

ＹＩＳで、ユーシンが履修したＩＢ科目は、英語、日本語Ⅰ、Ⅱ、英語によるヨーロッパの歴史、英語による生物学、英語による数学の六教科。そして、ビジュアルアーツ（絵画）、知識の理論（論文）の二教科の合計八教科である。

英語と日本語Ⅱで、世界文学と日本文学、小説が課題図書になる。世界文学と日本文学の比較論文、作品に関する小論文や論評が課題となる。普段の授業の他に、高校最終学年の二年間で、それらの課題をこなし「バイリンガルディプロマ」を取得すれば、世界中の大学の受験資格が与えられる。それにより、どこでも行きたい大学の入学試験が受けられるということである。

後列右から2 人目がユーシン

ユーシン

サッカー2001　YIS にて

ユーシン

サッカー2002　YIS にて

前列右から3 人目がユーシン

ボクはやっぱりニホンがいい

当時、日本の大学で入学時にＩＢディプロマを必要としていたのは、国際基督教大学（ＩＣＵ）と、近年になって受け入れを開始した慶応義塾大学・湘南校である。ＩＣＵでは六学部、慶応では情報工学、政策、国際関係の中から専攻できた。上智大学はＳＡＴＩのみで、専攻学部は比較文化だった。

その他に、京大、神戸大、つくば大、都立大などがあったが、ＩＳの生徒に対して一定の基準が定かではなかった。

二年後に、ユーシンが入学を決めた「早稲田大学」が、そのころにはまだＩＳの生徒を受け入れておらず、彼は、興味のあったロンドン大学と、ロンドンにあるアメリカ教育のグローバル校・リッチモンド大学を検討していた。

イギリスとヨーロッパの大学を視野に収めながらも、心のどこかでユーシンは日本の大学を望んでいた。

高校四年生（一二年生、Ｇ12）になってまもなく、二〇〇三年九月下旬のこと。ユーシンは興奮した様子で帰宅する。

「来年度から、早稲田大学にも入れるんだって！」

台所にいた私を見るなり、弾んだ声で言った。

「えっ！　そうなの？　それはよかったじゃない！」

私はそれを聞いて大変よろこんだ。慶応が受け入れを決め、そのうちに早稲田でもと少なからず期待していた。私たちにとって、早稲田の受け入れは大きな朗報であった。

ＡＯ（アドミッションオフィス）入試

早稲田大学は、二〇〇四年四月入学者から、日本国外に所在する高校の出身者と外国人学生を、そして国内では、ＩＳ出身者を対象に志願者を募集することになった。学部は英語で学ぶ「国際教養学部」である。

ＡＯ入試は、一回限りの筆記試験でなく、学力面以外からも合否判定をする。ＩＳの生徒たちは、高校時代に取り組んだテーマが評価される。勉強面でもいい、スポーツや音楽、ボランティアなどの活動でもいい。入試要項に「ＩＢディプロマ」の必要性が明記されていれば、それも評価の対象になる。

それからというもの、ユーシンは志望校を早稲田大学、一校に絞って入試の準備に取り掛かる。ＹＩＳでの担当が、ミスター・バーナードから新しくミセス・ロリマーに代わった。彼女がコーディネーターになって、初めてユーシンたちの進学を担当した。彼女はとても熱心に関わってくれる。

早速一〇月初旬、ミセス・ロリマーはユーシンたち志望者数名を、早稲田大学のキャンパスツアーに連れて行ってくれた。西早稲田キャンパスの大隈講堂、入学センター、無門の門、大隈重信銅像、中央図書館などを見学する。

〇四年一月、ユーシンはいち早く出願手続きを取る。受験番号が二番だった。

その後、願書、志望理由書、高校卒業見込書、成績証明書、トーフルの成績、ＩＢディプロマなどを必要書類として提出する。

二月初め、書類審査にパス。下旬に面接と、その場で与えられたテーマから選んでエッセイを書く入学試験が行われた。三月一一日、合格の知らせを受け取った。

イヤーブック

ＩＳでは毎年、カラー印刷のアルバムを制作、各生徒に渡される。教職員と幼稚園から高校生までの個人個人のポートレート。クラスごとのグループ写真。スポーツやバンド、コンサートなど一年間の活動の記録。修学旅行の思い出などで構成される。

高校二年生（一一年生、Ｇ11）の秋、修学旅行で飛騨高山を訪れた。白川村で生活しながら保存されている世界遺産、合掌造りを見学する。平家落人伝説が残る、石川県との県境、今はなき

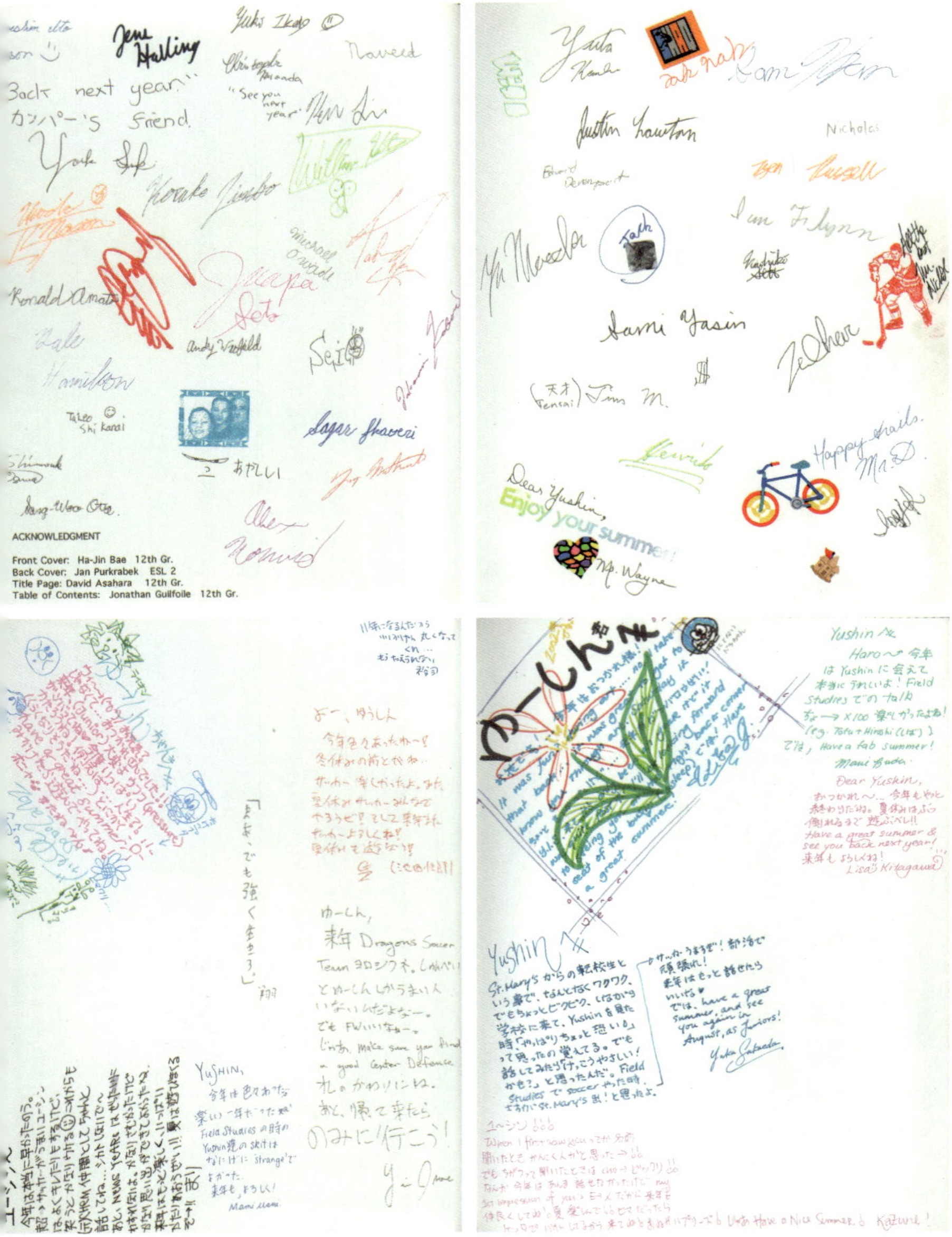

イヤーブックに寄せられた友人たちのメッセージ（寄せ書き）

Hey Yushin,
Although I only knew you this year, you've been a really great friend! I wish you luck with everything + have fun during the summer!
Julie

Yushin君。
ゼロ～ゆかしで学校おわったね。ま、any way... I hate KIS, how was your year in KIS? nope, you had loads of fun ♭♭ でしょ Yushinいて楽しかったヨ。来年もよろしくね。夏休み中もガンバッテネ2。あそんでね～。パーティーイェーイ。ハッケマショウ。人生とは～call me
Love you ♭♭ Hot guy とか Shoukai して♥
メールして
楽しい夏を生きていけてなさいね。summer とか
Ova

ち一ナです。今年は
おつかれさま! Yushin
かなりおもしろい。よく
KIS へやって来た! those
Chemistry days are over
でもさびしくない。また
PARTY しようね。では
have a nice summer! ~

裕真（…だっけ？）
今年は色々お世話になりました。
ゆーしんとのサッカートークは楽しかった＆
ためになりました…! 音楽の趣味とかも
びみょ～に合ってたりしてオドロキの毎日でした（笑）
2002年度もそのズバぬけた運動能力＋
男気＋＋そのちょっぴり毒舌トークで楽しませて
くださいな! それでは Have a great Summer!
たくさん稼いでかっちょいい服買ってね ——
まきしばた。

ゆーしん　来年の soccer は ニトで center mid
がんばーろうな!!（一応 Eddy も）。Temple でも
同じ様にがんばーろうな! ゆーしんの killer pass
を待ってるぞー!
TAKA K.

ゆーしん殿☆
早いもので、もう夏休み。
一年間お世話様でした。（笑）
色々とありがとうね～。
来年も走って下さい。いや、速い。足。びっくり。
意味不明になってしまった…ゴメン。↖こういうの無いから。
それでは、最高の夏を!! 私もバイト三昧ダ。
Lia

Dear Yushin,
今年も一年長かった→♪ English では
Mc Ilroy の毒舌にたえぬいたね♪ おつかれさん♪
もう残すとこあと1年♪（笑）来年もよろしくお願いします♪
夏休みも extended essay とかで忙しいと思うけど…
めげずにガンバローー♪ ではでは。
Have a great summa ♫
Yuka Sakaeda

ゆ～しん、
名前はこれでいいのかな？
お前はスポーツ出来るし、頭もいいし、恐そうに見えるけど
意外にいい奴だと
俺は知ってる。また友達もしよう（笑）
Keisuke

Yushin は
超ウケル。
Sanagitachi とか
うち けっきょく 行って
ないけど。Yushin は
がんばってるでしょ!
来年もよろしく!
Love,
Jeana ♥

ゆーしんへ
名前入れかわったね、
いつの間にか。でも、取り
合えず来年もよろしく!
ユリ

YUSHIN, WHAT U-P. YOU GOTTA SOLVE THAT BEEF B/W. U AND MR. M^cILROY BEFORE NEXT YEAR. HAHA. ONE MORE YEAR BABY, U ONLY HAFTA PUT UP WITH THIS BU-LLSHIT FOR ONE MORE YEAR. BAKING THE SUMMER, HIMA OKATAMA ASOBIMERI. PEA-CE.
Travis K

Yushin! 今年は、サッカーでもりあがったネ! 8月の
また、試合みんなで行こうネ! がんばって
Japan vs. Korea の王子様とりますよ! Have a great summer!
LURVE Arisa.

~Yushin~
Kotoshi wa iro iro to osewa ni narimashita! Japo とか! Bio とか! Ramen mo yoroshiku ne! Have a fab summer!
Marie Buda

Yushinさんへ
1年おつかれでした。
そして一番つらい12年
もがんばってね。それじゃ
またね～。
Sayori

Hi Yushin,
This is Daisuke Matsumoto! Can't wait to have First Aid again!
Daisuke Matsumoto

Yushin!
今年おれは Shadow Striker だった けど ほんとに I scored twice because I sneaked up from behind
来年はもうちょっと目立てるぜ!! じゃ。

ユーシンへ、
今年サッカー大変だったね～。そして
色々ありましたね～、Homeroom で色々
と楽しかったね。ぶっちゃけの話もおもしろ
かった。妖精もおもしろい話、楽しいサッカー
をやりましょう! そしていいね、Clover 7月登場しようね!
G

Yushin、来年はカッコイイー
Senior としてがんばってね!!
あと俺よろしくね!!
陽菜 はるな

Yushin,
Have a great vacation! It was fun having you around during English class とか.
Next year もよろしく～
always,
Sari

ユーシン様
ぐふふ。JUNIOR も終わり
来年は SENIOR？ なんてこっちゃ!
ミドイ! ウチは後二年あるのにさ…
ってか! 今度こそ サッカー行くべ!!
まじで。高校 サッカーは カレンをおいかけて
どこまでも おいかける つもりなんで。hehe
Maki Takekawa

ゆーしん、
面白いよね。いつか 本気で
話し合ってみたいわ…
サッカーがんばってね。
History も…がんばろう。私は
全然わかんないけどで。
Have a great summer!
Shoko.

Yushin様♥
はぁ…やっと夏休みだね!
今年は色々ありがとうございました!
特にアート… 来年もがんばろうね!
ぜひ今度、一緒に遊びませう!
Love, あやこじ

Yushin,
バスでよく会ったり、
いどう教室時にけっこう仲良い
よな あいつ うるさい ちびとも
が バスの中で さわいでたりと、
おちついて ねむれる日が あんまり
なかったね まあ、早く おきーづけなく
といけないのも あと一年だね。
がんばろう。
Thomas Akagi

裕真♥
とても独創的な考えを持っていて、いつも
裕真の意見を聞くのが楽しみでした。
クラスの始めに雑談をした時、裕真が
何回もうなづいてくれていたのが印象的で
とてもうれしかったよ。
授業以外でも話をしようとしてくれたのも
またまたうれしかった…
とても奇麗な文章を書く裕真…いつか
物書きになる夢をかなえられると
信じています。
山根美貴子

「加須良《かずら》」集落から、昭和四四年に白川郷合掌村へ移築された三棟の合掌造り民家園もある。

毎年アルバムのメーンは、なんと言ってもその年度の卒業生である。高校四年生（一二年生、G12）たちは、全員で編集に携わり、自分たちのイヤーブックを作り上げる。

卒業生は各自一ページが与えられ、自分のポートレート、家族や友人、自分の写真などで、ページを構成する。そしてメッセージを載せる。

「幼稚園の三年間と一二年間のボクの学校生活が、三年間のYISで終わりを告げる。いろいろな場で、苦しくストレスが多かったけれども、一人の人間として、貴重な学校生活を締めくくることができた。卒業後の強みになるだろう。

ボクの日常の困難な時期を支えてくれた両親と家族に感謝している。人生の真義を意識させてくれた友人たちに感謝する」

ユーシンは、一五年間のIS生活を振り返り、メッセージでこう綴った。

高校卒業式

六月一一日、YISで卒業式が行われた。赤いローブと角帽をかぶった卒業生たち三二名が、壇上に揃った姿は圧巻だ。

式では来賓の祝辞や歓迎の挨拶、卒業生代表のスピーチが行われる。その合間に、ＹＩＳコンサートバンドの演奏とトランペット演奏が披露され、会場は厳粛ななかにもなごやかな雰囲気に終始つつまれた。

クライマックスは「卒業証書（ディプロマ）」の授与式だ。校長から個々の生徒に手渡される。授与式の後、壇上の卒業生たちは、角帽を天井に向かって全員で一斉に放り上げる。赤い角帽は、鳥が飛び立つように、宙に高く舞い上がった。会場から歓声と拍手が沸き起こる。ＩＳ高校ならではの感動的な卒業式の光景である。

卒業生たちは、先輩や後輩、友人、知人たちからプレゼントを受ける。ユーシンも先輩と後輩から、サッカーボールの付いた置物やぬいぐるみ、シャツ、靴下など。ＳＭＩＳの友人たちからお祝いのカード。列席してくれた私の友人から花束と贈り物を。彼らはみな、両手に抱えきれないほどのプレゼントを受け取って、家族らに祝福され、にこやかな表情と笑顔を絶やさないでいる。

卒業式に出席した長男夫婦、次女、私たち夫婦は、式後ユーシンを囲んで、横浜・中華街でお祝いの席を持った。

3 列目、右から4 人目がユーシン

壇上にて

ミスター・バーナードと夫

長男夫婦、次女、私と

夫、私、長男の嫁、次女と

高校卒業式でユースケの母親
佐知子さんと

入場するユーシン

卒業式風景　YIS にて

Ⅷ　大学と留学

早稲田大学　国際教養学部

二〇〇四年九月二一日、他学部合同で九月入学者全員の入学式が、大隈講堂で行われた。その後、同じ会場で、国際教養学部が主催する入学式も行われた。

早稲田の新しい学部「国際教養学部」は、二〇〇四年、欧米のリベラルアーツ系大学に見られる教養課程を、早稲田独自の視点から捉え直し、専門分野に特化されない学部として開設された。そこでは外国語教育と教養教育で、未来に貢献できる国際的リーダーを育てることが目標にされている。

国際教養学部には、ユーシンのように国内のＩＳ卒業生や国外のＩＳ卒業生、また、アメリカやイギリスの大学から編入してきた学生、アジアやヨーロッパの大学を修了してきた学生など、いろいろな文化と経験を持った学生がいた。半年または一年間の交換留学生もいる。

初年度、〇四年の学生数は約五〇〇名、国籍約四〇ヵ国であった。

ユーシンは高校生の時に観た「ACジャパン（Advertising Council Japan　公共広告機構）」のテレビコマーシャルに強い興味と関心を抱く。入学後、サークルは広告研究会に所属する。

幼児をしっかりと抱きしめ、母親が語りかけている映像が、強烈に印象に残っていた。折しも子どもの虐待が社会問題化していたころである。

ACジャパンは、広告を通じてさまざまな提言を発信する機関である。多くの日本人に共通する社会問題、たとえば環境やいじめの問題、福祉に関する啓発活動、虐待防止などをテーマに制作したCMやキャンペーン活動を、全国メディアを通して発信している。ACジャパンでは、常に秩序を保った広告のあり方と質の向上を提言する。

一方ゼミでは、朝鮮半島情勢やアメリカのアジア政策を専門的に研究していた、重村智計《としみつ》教授のもとで国際関係を学ぶ。

重村教授は、〇四年から一六年まで、国際教養学部の専任教授として「日本と朝鮮半島」をテーマに教鞭を執る。一七年より早稲田大学名誉教授に就任。

英語を母国語同様に習得できる環境で、各教科を学習したIS出身の学生が、将来、日本の学校の英語教育に携わるメリットを推奨する新聞記事を、私は過去に読んだことがあった。

早稲田大学の入学案内には「常に時代をリードし、社会を動かし続けてきた伝統がある。時代は多くの指導者を要請、現代社会を立て直すには、特に教育者の力がより一層大きなものになるに違いない」と述べられている。

これからは英語を媒体とした英語教育・英語授業の時代になる。大学で教員免許を取得した私は、ユーシンに教職課程の履修を薦めた。彼もそのことに同意する。

ところが早稲田大学では、「日本の学校では、日本語で英語を指導するため、国際教養学部に教職課程は設けられていません」

問い合わせた私は、入学案内に謳われた進歩的な内容と食い違う、古い慣習を引きずった方針に矛盾を感じ、がっかりした。

いずれくるであろう、その時のために、息子たちのようにグローバルな環境で育った教員を、なぜ積極的に育成しようとしないのか。私には不思議でならない。

留学

早稲田大学の留学には諸制度あるが、ユーシンの場合、在学扱いの一学年相当期間の一二ヵ月とした。留学時期は、三年生の九月から翌年九月までの一年間である。

全学部の留学先は、アメリカ、カナダ、オーストラリア、ニュージーランド。イギリス、イタリア、フランス、スイス、ドイツ、ギリシャ、スペイン、ロシア、北欧、中欧などヨーロッパ諸国。エジプト、ケープタウンなどアフリカ。中南米諸国のメキシコ、ブラジル、チリ、ペルー、アルゼンチンなど。中国、韓国の東アジアとインドネシア、カンボジア、ベトナム、シンガポール、タイなど東南アジア諸国。アイスランド、アイルランド、パラオ、ミクロネシアなど、多くの派遣大学と大学院がある。

三年生になる〇六年九月留学のユーシンら学生たちは、〇五年春から、説明会や留学案内、手引き、留学生の経験談などを参考に、一〇月からの出願や登録、必要書類受付などの準備に掛かる。

ユーシンは、当初イギリスのロンドン大学を志望する。ロンドン大学は専攻学部によって、ロンドン以外に二校あった。早稲田入学後、スペイン語を履修した彼は、マドリッドやバルセロナなどスペインの大学も視野に入れて検討していた。

留学先をいよいよロンドン大学に定めようとしていた矢先であった。特定校として、イギリスではオックスフォードとエジンバラ大学が。アメリカではコロンビアとペンシルバニア大学が浮上してくる。特定校とは、人気があり競争率が特に高く選考基準も高い大学のことである。トーフル、学習・研究計画書、面接など、通常の学内選考の他にエッセイが要求される。特定校へ出願する学生は、第一志望校として出願しなくてはならなかった。

高校一年生（九年生、G9）まで在籍していたSMISでは、九五％の生徒がアメリカの大学へ進学する。そのためアメリカの大学の情報が膨大にあった。

中でもブラウン、コロンビア、コーネル、ダートマス、ハーバード、ペンシルバニア（以下、ペン）、プリンストン、エール（アルファベット順）の八校は、アメリカ東部アイヴィーリーグの私立大学として承認された名門校で、学生たちの間で大人気だった。一五〇〇校あるアメリカの大学で、評価が高かったそれらは順位が前後するものの毎年、上位一〇校にランクインしていた。

ペンの情報は、ユーシンがSMISにいたころから耳に届いていた。ペンシルバニア州には、同じくペンシルバニア大学という州立大学がある。それはペンシルバニア州立大学と言われ、アイビーリーグのそれは、通称「U　Penn（ユー・ペン）」と呼ばれ区別されている。迷った挙句、ユーシンは、ロンドン大学を第二志望校に、ペンを第一志望校にする。三〇数名のペンへの出願者の中から、選考者五名に選ばれた。

U Penn（ユー・ペン＝ペンシルバニア大学）

〇六年八月下旬、ユーシンは、成田空港からダラス経由でニューヨークへ飛び発った。さらに国内便に乗り換えて、U　Penn（ペン）のあるフィラデルフィア空港へ。ペンの寮に到着したころは夕方に近かった。飛行機を乗り継ぐ長旅だったが、その夜から寝具が要る。急いで市内中心部、センターシティーへ出向き当面必要なものを揃える。

キャンパス内に、カレッジハウスと呼ばれる寮が一四棟あった。ユーシンが一年間生活するホーンウェルカレッジハウスは、キャンパスのほぼ中央に位置している。その寮は二人部屋で、数日後ベネズエラからルームメートがやって来た。七階の部屋の窓から、遠くに高層ビルが立ち並ぶフィラデルフィアの近代的な市街が望めた。

アメリカの歴史は、フィラデルフィアから始まったともいわれる。フィラデルフィアは独立戦争の舞台となり、建国後、最初の首都となった。独立宣言と同時にここで鳴らされた「自由の鐘」は、アメリカ独立の象徴的存在である。

センターシティーはフィラデルフィアのビジネスの中心で、摩天楼が林立し、平日の日中はビジネスマンで賑わっている。ダウンタウンの中心に、全米でもっとも高い石造建築物とされる市庁舎、シティーホールがある。中心街から西へ約二キロ、スクーキル川を渡ると、大学のキャンパスが広がっている。

ペンは、ベンジャミン・フランクリンが一七五一年、フィラデルフィアアカデミーを創設したのが、後のペンシルバニア大学の始まりである。東部の名門校、ペンの深い緑に覆われたアカデミックな雰囲気のキャンパスは、アイヴィーリーグの香りが漂っている。広範なキャンパスには、八〇あまりの校舎や体育館、フットボール用スタジアム、野球場などがある。

カフェテリアでユーシンはいつも温かい夕食を食べていた。学生食堂のおばさんが、チキンやビーフ、サラダをおまけしてくれた。広いキャンパス内にはホテルがあり、レストランもある。おいしいカレーショップもあった。

渡米三日後からインターネットが使えるようになり、ユーシンと私はEメールで交信を開始する。日本で購読していた月刊誌を買ってほしいと、早速メールが届く。

その後は「ルームメートがいい人でよかった。九月半ばでかなり寒い。買い物はカードでしている。寮の食事は思っていたより、悪くない。でも日本食が食べたい。週に二回、洗濯している。キャンパスがとてもきれい、いつか写真を送る」などなど。

私が、寮の住み心地や食事、洗濯、健康、お小遣いなど心配するので、その後も頻繁にメールを送ってくれた。

学期と学期の間に休日がある。サッカーが好きなユーシンは、一週間くらいの休暇があると、大きな大会やクラブチームの試合を観戦にロンドンやマンチェスター、グラスゴーへ出かけた。またホワイトハウスやリンカーンメモリアル、ワシントンＤＣも訪れた。留学中、彼は一度も日本へ帰国しなかった。

翌年〇七年三月、大学の春休みを利用して、夫と私は、一週間の予定でアメリカへ。ニューヨークでユーシンと合流した。彼は、ニューヨークの大学に通う友人とメトロポリタンなど美術館へ。夫と私は市内観光へ。

翌々日、私たちはアムトラックでペンのあるフィラデルフィアへ。緑の樹木が生い茂るキャンパスを散策して、生協と寮に立ち寄った。ベンジャミン・フランクリンの銅像があるフランクリン広場などを見物する。
翌日、デラウェア川から吹き上げる強風の中、市庁舎と中心街を観光した。一歩も前に進めない状態で、冷たい風が強烈に肌を刺す。独立記念館や自由の鐘を見たかったが、ウォーターフロント地区まで歩くことが困難だった。一泊二日のフィラデルフィア滞在はあっという間に終了する。

夫と私は再度ニューヨークへ戻った。三月とは思えない寒さで、とうとう雪に見舞われる。セントラルパークでは、子どもたちがスケートを楽しんでいた。散歩している犬たちは、よろこんで雪の中を走っている。公園の木々が雪に覆われ、幻想的な風景が印象に残る。

翌年〇七年六月まで約一年間、ユーシンはペンで、美術史、建築デザイン、広告管理、近代日本文学、日本経済の国際的役割、日本の外交政策、東アジアの言語と文明・宗教などを履修した。

ワシントンモニュメント

ユー・ペンのキャンパスと学生たち

創設者　ベンジャミン・フランクリンの銅像

夕方、スクーキル川でレガッタを練習するペンの学生たち
対岸にフィラデルフィアの街並みが広がる

寮の部屋からの眺望
フィラデルフィアの中心街

合衆国議会議事堂の前で

ユー・ペンのキャンパス

雪に見舞われたセントラルパーク

スケートを楽しむ市民で賑わうセントラルパーク

Ⅸ　卒業と就職

インターンシップ

留学を終えて、〇七年九月からはふたたび早稲田で大学の最終学年を迎える。六月に帰国して、ユーシンはすぐにインターンシップを始める。

私はそのころ、大田区の日本語教室で、区内在住または在勤の外国人に、ボランティアで日本語を教えていた。教室の生徒の一人に、日系アメリカ人三世のステイシーさんがいた。彼女と私は、個人的にも親しい間柄で、ご主人、フレッドさんの勤務先で、ユーシンが働かせてもらうことになった。四〇代後半の夫妻に子どもはなく、ユーシンには自分たちの息子のように接してくれた。

フレッドさんの父親は、ドイツ系アメリカ人で母親が日本人だった。彼は日本語も上手だが、ユーシンとは英語で話すことを心がけてくれる。

帰国後の夏休みから翌年一〇月まで、大学四年生の一年間と前後合わせて一年四ヵ月を、ユーシンは、彼の勤務先「I&S　BBDO」で、週に二日インターンシップとして働いた。I&S　BBDOはニューヨークに本社がある外資系の広告会社だ。

学部卒業式で挨拶する学部長
大隈講堂にて

出席者全員で校歌斉唱
大隈講堂にて

IBディプロマとYIS、早稲田の卒業証書

早稲田大学卒業式　大隈講堂前にて

ステイシーさん（中央）とヴィクトリアさん（右端）
自宅にて

スチシーさんと私

大田区主催のスピーチ大会
後列右から3人目が私

〇四年六月から九月、ＹＩＳを卒業して早稲田に入る夏休みの間、フレッドさんが当時いた会社「Ｇ１　ワールドワイド」でもインターンシップをした。「Ｇ１　ワールドワイド」は当時、Ｎ自動車会社の広告をすべてそこで制作、世界中に発信していた。

また留学前、〇六年一月から七月まで、霞ヶ関の国税庁法人課税課でアルバイトを経験する。「守衛さんが、ボクにもきちんと挨拶をしてくれるんだよ」

ちょっぴり官僚気分を味わった。

卒業式

〇八年九月二〇日、ユーシンは早稲田大学を卒業した。

大隈講堂は、卒業式に出席した学生たちと両親や関係者でいっぱいだった。早稲田で四年間、仲よくしていた友人たちやご両親に会うことができた。その後、学部卒業式も行われる。

一五年間のＩＳでの生活、大学は早稲田とペンで過ごした。つらい日々もあっただろう。友人に恵まれ楽しかったこともたくさんあったはず。一九年間は長かったが、大病もせず健やかに成長できて感謝の気持ちでいっぱいだった。こうして無事に卒業できたことが、親として何よりうれしかった。

式後、大隈講堂の前では家族や友人たちが、思い思いに記念日をカメラに収めている。笑顔と歓喜にあふれ、なごやかな歓声に包まれていた。

これからは社会人として、決して平坦な道ばかりではないだろう。しかし、子どもたちには困難を乗り越え、常に大きく羽ばたいてほしい。

高く澄み渡った秋空の下、周囲からは温かい親心が伝わってくる。

私は、肩の荷が解け、大空に飛んでいったようだった。巣立つ息子を送り出すこの日、夫と私の最良の一日が終わり、新たな一歩が幕を開ける。

就職　自分で選んだ好きな道を

高校生の時、テレビで観たＡＣジャパンのコマーシャルが、ユーシンの広告を志す強い動機となる。将来、広告関係の仕事に就きたいと望んでいたユーシンにとって、フレッドさんとの出会いは幸運であった。彼は、アメリカ・インディアナ大学で友人だった、早稲田大学出身の日本人、I氏を紹介してくれる。I氏は大手「D」の社員である。

フレッドさん、I氏、ユーシンはその後もたびたび会って、互いの情報交換を重ねる。ユーシンは、I氏に幾度か「D」へ誘われるも、縁がなかった。

早稲田卒業後も、引き続きI&Sでインターシップを続ける。上司から、同じ業界の「オグルヴィ・アンド・メイザー・ジャパン」を紹介される。アメリカ人の人事担当者がユーシンを気に入って、正社員として採用してくれた。〇八年一一月に入社する。ユーシン二二歳であった。

ドイツの自動車会社「アウディ」や「アメリカン・エキスプレス」「日本コカコーラ」などで経験を積む。三年半後、転職の機会を得て「博報堂」へ。

一二年七月、正社員として「博報堂」へ入社する。「BMW」「資生堂」「雪印メグミルク」などで、メディア部門と営業職を担当した。

一六年二月から、正社員で「ビーコン・コミュニケーション」に入社。以前の二社で英語を話す機会はほとんどなかった。現在の職場では直属の上司がアメリカ人男性で、毎日、英語を使って仕事をしている。入社時より「マールボーロ」を担当する。

「上司は仕事に厳しいが、人間的に温かい人で、なによりボクと馬が合う。直属の部下も仕事ができ、真面目でやさしい人柄の彼に、ボクは助けられている」

二度の転職の後、ユーシンは、ISでの教育と生活環境が活かされる職場を得られたことに今は満足している。将来は海外でも仕事をしたいと望んでいる。


旅行が好きなユーシンは、一二年六月、スポーツの中でも大好きなサッカーのワールドカップ・ポーランド大会を観戦に行く。その後も、ヨーロッパ各地で毎年、開催されるヨーロッパ・クラブチームの決勝戦を、スペインとイギリスへ観戦に出かけた。

彼は友人と、高校生のころ広島と宮島を訪れる。社会人になってからは、鹿児島県知覧町の「知覧特攻平和会館」を見学。世界遺産の屋久島では、樹齢約七〇〇〇年ともいわれる巨木、縄文杉に出会うため、登山口から往路四時間半かけて登った。また、アートに興味と関心を抱くユーシンは、瀬戸内国際芸術祭が開催される瀬戸内海の島々と小豆島や直島へ。島根県安来市にある足立美術館、金沢市の二一世紀美術館へも。沖縄の島々へも旅行する。

私たち夫婦も旅行が好きで、ユーシンが幼いころには、娘二人と彼をつれて、夫の郷里、宮城県と私の郷里、鳥取県や隣接する島根県など、車で遠乗りの旅を楽しんだ。

一六年に四年前より交際していた「オグルヴィ・アンド・メイザー・ジャパン」に勤務する裕美《ゆみ》さんと結婚した。翌一七年一月に長女が誕生する。

ユーシンは三二歳で一児の父親となった。家族のためにこれから先も健康で、明るい家庭を築いてほしい。

ユーシンには幼少期から培った趣味がある。それらが生きがいとなるような、楽しく豊かな人生を送ってもらいたい。そして、好きな道で自分を活かし、広い視野に立った人間として、自らの人生を歩んでほしい。

あとがき

子どもの成長は速い。やり直しが効かない。一瞬一瞬が勝負である。「ああでもない」「こうでもない」と悩みながらの歳月が瞬く間に過ぎていく。終わった後に、「ああすればよかった」「こうすればよかった」「もっと勉強すれば……」「別の方法があったのでは……」と後悔する。葛藤の連続であった。

親は皆、さまざまな問題を抱え、闘いながら子育てをする。わが子が成人に達するまで、それこそ健やかなる時も病める時も、子育てから開放されることは皆無である。それらを乗り越えることで、親は人として成長する。

ユーシンの幼稚園二年目SJISで、私は、園児のお母さんM子さんと親しくなった。彼女はその時、私にこう言った。

「子どもの話を黙って受け止めてあげないとね。そうしないと、子どもは何も話してくれなくなるから」

「目からウロコ」だった。が、私は即、彼女のアドバイスに共鳴できた。

子どもは、幼稚園や学校であったこと、いいこと悪いこと、どんなことでも母親に話したがる。ユーシンもそうだった。友だちのこと、先生のこと、勉強のこと、遊びのこと、クラスのこと、テレビや本からの情報、子ども同士の共通話題などなど。

それからの私は、どんなに小さな出来事でも些細なことでも、ユーシンの言葉に耳を傾けて、話を聞くことに努めた。

M子さんを初め、ユーシンが仲よくしていた友人たちのお母さん方と、私は親しくお付き合いをさせていただいた。彼女たちは、みな教育熱心でありながらも大らかな母親たちで、互いに相談し合い協力し合って、子どもたちの成長を見守ることができた。感謝している。

この出版を機に、親しかったゲンの母親、アケ

私たち夫婦と富子さん（右端）
シドニーの富子さん宅で

ミさん、ティミーの母親、能理子さん、ユースケの母親、佐知子さんたちと久しぶりに話す機会が持てた。また、九〇年代後半、マリサは父親、ニコラスさんの母国オーストラリアへ家族で移住した。マリサの母親、富子さんと私は二〇一五年春、二〇数年ぶりにシドニーで再会を果たす。

一五年七月、文章勉強会の仲間Tさんから、鈴木政子先生を紹介していただいた。きっかけは彼女から借りた先生の著書『あの日夕焼け』を手にしたことにある。

鈴木先生は一〇歳の時、満州で教師をしていた父親とともに家族で引き揚げて来られた。そのころの満州での生活と終戦後の体験が、先生の視点で『あの日夕焼け』に詳しく綴られている。

一九四六年、生後半年で私も満州から引き揚げてきた。当時のことは、もちろん何も知らない私だが、祖父母や母、叔母から聞いていた話を思い起こしながら、吸い込まれるように『あの日夕焼け』を一気に読んだ。

また先生は、敗戦と引き揚げの狭間で、時代に翻弄された若い女性の半生を描いた『わたしの赤ちゃん』で、「第十八回　北九州市自分史文学賞大賞」を受賞された。この文学賞は、北九州市ゆかりの文豪、森鴎外を記念して一九九〇年に創設された。

先生は、自分史のジャンルを確立した第一人者である。ご自身の体験を数々出版され、現在、自分史づくりの講師として活躍されている。

私は、息子の成長を記録に残したいと望んで、幼少期の原稿約一〇〇枚をほぼ完成させていた。早速そのうちの約四〇枚を書き直して、先生に読んでいただく。

「いいテーマなので、本にまとめたら、どう？」

鈴木先生は、そう言って出版を薦めてくださる。さらに先生は、「息子のお嫁さんにぜひ読ませたい」と。何よりの励みの言葉となり、その先を書く勇気を与えてくださった。

鈴木先生に出会い、背中を押されて、以来、毎回原稿を読んでご指導いただき、激励されお世話になった。

思い切って、作品にして本当によかった。

誰よりユーシン自身が、がんばった結果である。

私は、夫の協力の下で息子の教育に専念できた。

書くことにより、ユーシンと過ごした日々が鮮明に甦り、追体験できる好機を得た。生涯、心に留めておきたい大きなよろこびとなった。

この本を手にとって、最後まで読んでくださった読者の皆様、ありがとうございました。

出版にあたり、多くの方々にご協力いただき厚くお礼申し上げます。

ユーシンが成長過程でお世話になり、ご指導くださったＳＩＳ、ＡＳＩＪ、ＳＪＩＳ、ＳＭＩＳ、ＹＩＳ、早稲田大学、ペンシルバニア大学の先生方、及び関係者の方たち。ヒデオ君こと北林秀生さん。マイクさんご家族。

成長期をいっしょに歩んだ親友のアンディ、エリック、マリサ、ヤンギ、ジュンヤ、ゲン、カオル、ジェイ、シゲツ、ティミーたち（敬称略）。

アメリカ・バッファローでサマースクールの六週間、寝食をともに過ごし、お世話になった勇将《ゆうすけ》君とジュン君。

思春期をともに学び、親交を深め切磋琢磨した仲間たち。社会人となった現在、幅広いジャンルで活躍している先輩や後輩、同級生たち。友情を育んだ友人との交流は今も続く。

このたび鈴木先生とのご縁が、私に書き続ける原動力を与え、完成に至りました。心より感謝とお礼を申し上げます。

そして、鈴木先生のご紹介により、出版を快諾してくださった「本の泉社」の比留川社長、担当の杵鞭真一氏とスタッフの皆様のご尽力に深く感謝いたします。
ありがとうございました。

二〇一七年　深秋

伊藤　香苗

著者略歴

伊藤　香苗（いとう　かなえ）

1946年　満州・奉天（現　中国東北部・瀋陽市）生まれ。
女子美術大学短期大学部卒業後、服飾デザイナーとなる。
その後、子ども英会話教室講師を経て日本語教師となり、外国人に日本語を教える。
1996年　作家、藤原ていに師事、エッセイを書き始める。
1998年　作家、三好三千子を講師に迎え、仲間たちとともに文芸グループ「きんもくせい」を立ち上げる。「段」同人として、エッセイや小説を発表。
2015年　ノンフィクション作家、鈴木政子を知り、指導を受ける。

著著

1999年　エッセイ集『私の母物語』（共著　鶴書院）
2001年　ノンフィクション『スワーダ』（朱鳥社）
2017年　ノンフィクション『歌を愛する女たちの挑戦』（龍書房）

わが子《こ》を国際《こくさい》っ子《こ》にした　――息子《むすこ》とバイリンガル教育《きょういく》――

2018年5月14日　初版 第1刷 発行

著　者　伊藤　香苗
発行者　比留川　洋
発行所　株式会社 本の泉社
〒113-0033　東京都文京区本郷2-25-6
TEL：03-5800-8494　FAX：03-5800-5353
http://www.honnoizumi.co.jp
印刷　中央精版印刷　／　製本　中央精版印刷

ISBN 978-4-7807-1681-8　C0037